VIOLENCIA DIGITAL CONTRA MUJERES QUE PARTICIPAN EN POLÍTICA

Procedimiento de selección de originales, ver página web:
www.tirant.net/index.php/editorial/procedimiento-de-seleccion-de-originales

VIOLENCIA DIGITAL CONTRA MUJERES QUE PARTICIPAN EN POLÍTICA

Maricela Hazel Pacheco Pazos

tirant lo blanch
Ciudad de México, 2024

En caso de erratas y actualizaciones, la Editorial Tirant lo Blanch publicará la pertinente corrección en la página web www.tirant.com/mex/

Este libro será publicado y distribuido internacionalmente en todos los países donde la Editorial Tirant lo Blanch esté presente.

© TIRANT LO BLANCH
DISTRIBUYE: TIRANT LO BLANCH MÉXICO
Av. Tamaulipas 150, Oficina 502
Hipódromo, Cuauhtémoc
06100 Ciudad de México
Telf.: +52 1 55 65502317
infomex@tirant.com
www.tirant.com/mex/
www.tirant.es
ISBN: 978-84-1197-758-6
MAQUETA: Innovatext

Si tiene alguna queja o sugerencia, envíenos un mail a: *atencioncliente@tirant.com*. En caso de no ser atendida su sugerencia, por favor, lea en *www.tirant.net/index.php/empresa/politicas-de-empresa* nuestro procedimiento de quejas.

Responsabilidad Social Corporativa: http://www.tirant.net/Docs/RSCTirant.pdf

Índice

Capítulo 3

Violencias contra las mujeres en el ejercicio de sus derechos político-electorales

Capítulo 4

Regulación de la violencia política en redes sociales

Índice de siglas y abreviaturas

APC:	Asociación para el progreso de las comunicaciones
CEDAW:	Convención sobre la eliminación de todas las formas de discriminación contra la Mujer
CIDH:	Comisión Interamericana de Derechos Humanos
FB:	Facebook
IG:	Instagram
RRSS:	Redes Sociales
SCJN:	Suprema Corte de Justicia de la Nación
TEPJF:	Tribunal Electoral del Poder Judicial de la Federación
TICs:	Tecnologías de la información y la comunicación
TW:	Twitter
VPMRG:	Violencia política contra las mujeres en razón de género

Glosario

Blogger: En castellano se traduce como bloguero. Es la persona autora de un blog o bitácora, es decir, una página web a modo de diario en la que se publican artículos periódicamente, también llamados posts, ordenados de forma cronológica.

Fanpages: Páginas corporativas que las marcas poseen en Facebook.

Filtros: Término usado en Instagram, se utilizan para retocar las fotografías con distintos efectos de luz y color, cambiando el aspecto de estas.

Follower: En Twitter, persona usuaria que "sigue" a otras cuentas y/o personas.

Hashtag: (#) Es una cadena de caracteres que permiten diferenciar, destacar o agrupar una o varias palabras, de forma que cuando se busque aparezcan todas las publicaciones en las que se haya utilizado ese hashtag.

Influencers: Del inglés, influenciadores. Son profesionales ligados a distintas áreas de actividad con gran notoriedad y reputación en las redes sociales.

Instagrammer: Término usado para referirse a los usuarios de Instagram.

Likes: Del inglés, gustar. En las redes sociales Facebook e Instagram se traduce como "me gusta". Se considera una forma de hacer ver a un contacto que el contenido que este publica es de tu agrado sin necesidad de dejar un comentario.

Microblogging: Es un servicio que permite a sus usuarios enviar y publicar mensajes breves, generalmente solo de texto.

Selfie: Autorretrato hecho con una cámara de fotos, generalmente de teléfonos móviles. Es una práctica muy asociada a las redes sociales, donde más se encuentra este tipo de fotografías.

Smartphones: Del inglés, teléfono inteligente. Este término se utiliza para aquellos dispositivos móviles construidos sobre una plataforma informática y que tiene algunas funciones que se equiparan a los ordenadores personales.

Timeline: Del inglés, su significado es cronología. En el mundo de las redes sociales el timeline muestra por orden cronológico las publicaciones de los usuarios.

Tweet: la publicación que las personas usuarias hacen en la red social Twitter.

Introducción

Hace un poco más de cinco años, que empecé a estudiar el tema de las redes sociales y su relación con el Derecho, parecía un tema innovador, hoy, es un tema cotidiano y actual y corre el riesgo de que lo que aquí se presenta, sea obsoleto dentro de unos años, ese es el desafío al que nos enfrentamos cuando abordamos temas relacionados con la tecnología, pues siempre va mucho más rápido que el Derecho.

Las redes sociales digitales, que originalmente tenían funciones limitadas, relacionadas precisamente con el aspecto social, es decir, conocer y comunicarse con otras personas, han ido transformándose hasta ser como las conocemos actualmente, conservándose, por supuesto, el aspecto social, pero también incorporando cada vez más funciones, que tienen que ver con lo laboral, comercial e incluso el ejercicio de nuestros derechos, entre ellos, el derecho a participar en política.

Cuando las personas ejercen sus derechos políticos en las redes sociales, se hace evidente que estos espacios no son neutrales, pues el uso de ellos depende de aspectos como la edad, el acceso a dispositivos y herramientas tecnológicas y el género.

Las mujeres son víctimas de diversas violencias que suceden en las redes sociales o que son agravadas por estos medios, y cuando se trata de mujeres que participan en política, estas violencias tienen características que resulta interesante estudiar.

Está publicación analiza la intersección entre estos conceptos: las redes sociales y la violencia específica que sufren las mujeres que participan en política. Ese análisis permite visibilizar el ejercicio de los derechos políticos de las mujeres y la violencia a la que se pueden enfrentar a través de estos medios, estudiando las normas jurídicas, y mecanismos en general, que han sido utilizados para regular y combatir esta violencia.

Este documento está diseñado en cuatro capítulos. El primero aborda aspectos conceptuales y técnicos en torno al funcionamiento de Internet en general, y las redes sociales en particular. Aunque se ha buscado escribir este apartado de manera sencilla, es probable que parezca complejo, especialmente para quienes nos dedicamos al Derecho, sin embargo, tener estas nociones previas es necesario para comprender las características específicas y los desafíos técnicos a los que la regulación de las redes sociales se enfrenta.

En las redes sociales pueden ocurrir diversas conductas que vulneran los derechos de las personas, especialmente de las mujeres. Estas conductas afectan diferentes derechos, como el derecho a la seguridad, a la libertad de expresión y a la vida libre de violencia. Las consecuencias de estas violencias pueden ser individuales, es decir, que afectan solo a la persona que es víctima de ellas, o colectivas, pues afectan a ciertos grupos o a la sociedad en general.

En el capítulo segundo se estudian estas conductas, y, aunque no existe una clasificación única de estas, es posible estudiarlas desde una clasificación propuesta, atendiendo a los derechos humanos que se afectan.

El tercer capítulo analiza de manera específica las conductas que afectan los derechos político-electorales de las mujeres en las redes sociales, presentando sentencias relevantes del Tribunal Electoral del Poder Judicial de la Federación, en las que las redes sociales tienen una participación sustancial. Se seleccionaron sentencias que abordaran dos aspectos fundamentales: que se analizara la violencia política contra las mujeres —sin importar si la resolución había confirmado la existencia de esta—, y que las conductas o comentarios fueran realizadas a través de cualquiera de las siguientes redes sociales: Facebook, Twitter o Instagram.

Tres sentencias cumplieron con ambos criterios, de las cuales, dos sucedieron en Facebook y una en Twitter. Entre las sentencias estudiadas se encuentra la de Ruperta Nicolás Hilario, de Iliatenco, Guerrero, que es la primera en anular una elección por violencia política contra las mujeres.

En el capítulo tres también se presentan los resultados de la investigación empírica desarrollada entre 2021 y principios de 2022, consistente en una encuesta que fue elaborada y contestada

de manera virtual por un total de 136 mujeres que participan en la política y que usan redes sociales. Esta encuesta analiza datos como la edad de las participantes, el tipo de participación política que realiza —funcionarias, candidatas, activistas, periodistas, académicas—, las principales redes sociales que usan y el tiempo que les dedican a estas; también se abordan las acciones que han emprendido a partir de las violencias sufridas y cuáles consideran que son las mejores opciones para prevenir estas conductas.

Los resultados de esta encuesta son interesantes, en la mayoría de los casos confirman los aportes teóricos presentados en el capítulo segundo, pero también revelan datos que los contradicen, tal y como sucede con los ataques relacionados con contenido íntimo o sexual, que, de acuerdo con la teoría, es uno de los más frecuentes, pero que, en los resultados, representa solo el 2% de todos los ataques.

Finalmente, en el capítulo cuatro, se analizan algunas estrategias implementadas en diversos países, entre ellos México, para regular las redes sociales, la complejidad que esta regulación implica y al mismo tiempo la necesidad de hacerlo para proteger los derechos de los y las usuarias, pero garantizando que estos medios sigan siendo espacios donde se puedan ejercer las libertades, haciendo énfasis en los criterios que deben ser considerados cuando se trata de combatir la violencia política contra las mujeres.

El tema de esta investigación cobra cada vez más relevancia, pues las condiciones actuales favorecen el ejercicio de los derechos humanos en general, y los político-electorales en particular, a través de los espacios digitales, y es importante que las estrategias que se apliquen para moderar y regular estas herramientas se hagan tomando en cuenta las características, tanto de las redes sociales, como de las personas que interactúan en ellas.

Espero pues, que este documento aporte al estudio y análisis de estos temas, planteando los desafíos a los que nos enfrentamos, pero también algunas propuestas de solución a dichas problemáticas.

Notas antes de comenzar

En la presente publicación se analiza la violencia política por razones de género que se presenta en las redes sociales y las regulaciones que existen en esta materia para proponer mecanismos que ayuden a prevenirla, y en su caso, sancionarla. Para ello se eligió lo siguiente:

- Estudiar las características propias de los entornos virtuales, y específicamente las redes sociales.
- Evidenciar la condición de género femenino como factor de riesgo a la exposición de violencia política, enfatizando cómo las redes sociales se presentan como mecanismos facilitadores y amplificadores de esta violencia.
- Seleccionar y analizar los criterios del Tribunal Electoral del Poder Judicial de la Federación en materia de violencia política contra las mujeres cometida en redes sociales.
- Identificar los hábitos de las mujeres que participan en redes sociales y utilizan redes sociales, así como los tipos de violencia que han experimentado en estos medios.
- Revisar y sistematizar las actuales estrategias de regulación de las redes sociales.

Se desarrolló una encuesta que buscaba conocer las experiencias de las mujeres que tienen actividades políticas y usan sus redes sociales para ello.

Se optó por realizar esta encuesta de manera virtual en atención a que la fecha de aplicación coincidió con la pandemia originada por SARS-CoV-2, por ello, era imposible realizarla de manera presencial, además de que la modalidad virtual permitía que mujeres de otros estados de la República contestaran, por todo lo anterior, se decidió utilizar como herramienta de aplicación Google Formularios.

El tipo de preguntas variaba de acuerdo con la información que se solicitaba, se utilizaron preguntas cerradas, con respuestas de opción múltiple, en algunas se permitía una sola respuesta y en otras se podía seleccionar más de una; también se hicieron preguntas con respuestas de escala, usando un rango del 1 al 6.

La encuesta se estructuró en 21 preguntas, divididas en seis secciones: 1. Presentación, 2. Información personal 3. Uso de redes sociales, 4. Medidas de seguridad, 5. Violencias en línea y 6. Acciones realizadas.

En la primera sección se proporcionaba una muy breve presentación del objetivo de la encuesta y se solicitaba un correo electrónico de la participante.

En relación con la segunda sección, referente a la información personal, era útil conocer la edad de las participantes, las actividades políticas que desempeñan y si utilizaban sus redes sociales con fines políticos. Es importante señalar que si las participantes contestaban que no a esta pregunta el formulario se acababa, pues para los fines de la investigación era necesario que las participantes ejercieran sus derechos político-electorales a través de sus redes sociales.

En el apartado de uso de redes sociales se preguntó sobre las redes sociales utilizadas y el tiempo diario dedicado a ese uso.

La sección cuatro buscaba conocer la percepción de las mujeres en relación con la seguridad de las redes sociales en general y de sus propias cuentas de redes sociales y sus hábitos de seguridad en línea.

Las violencias en las redes sociales eran el tema de la sección quinta, en la que se preguntó específicamente sobre las conductas que las participantes habían experimentado en estos espacios. También se preguntó por su relación con la persona agresora —si la conocían o era una persona anónima—, y si estas conductas generaron cambios o consecuencias en el uso de sus redes sociales.

Finalmente, en la sección sexta se preguntó sobre las acciones que habían implementado para combatir las conductas experimentadas en estos espacios.

Capítulo 1

Internet, ciberespacio y redes sociales

La presente obra no pretende ser un manual técnico sobre Internet y el uso de las redes sociales digitales, sin embargo, para abordar los desafíos jurídicos que se presentan en este espacio, se requiere tener un conocimiento básico acerca de estos conceptos, por ello, este capítulo se enfoca en presentar estas nociones elementales.

1.1. INTERNET

1.1.1. Definiciones y antecedentes

Internet se ha convertido en un término de uso cotidiano, es realmente difícil imaginar nuestras actividades diarias sin esta red, pues es utilizada para nuestro trabajo, para hacer compras y especialmente para actividades de ocio, entre las más comunes el uso de redes sociales. Esto se debe en gran medida a que "internet es el fenómeno sociotecnológico contemporáneo más disruptivo para la comunicación interpersonal colectiva de la historia del ser humano."[1]

En este orden de ideas, Internet es un elemento tan utilizado que "un tercio de los jóvenes de 14 importantes países de todo el mundo consideran internet un recurso tan necesario para la vida... ¡como el aire, el agua, la comida o el alojamiento!."[2]

En México, de acuerdo con estadísticas del Instituto Nacional de Estadística y Geografía (INEGI), el 65.8 por ciento de la población de seis años o más se declaró usuaria de Internet.[3]

---

1 Miguel del Fresno, Pilar Marqués y David S. Paunero (eds), *Conectados por redes sociales, introducción al análisis de redes sociales y casos prácticos*, España, Editorial UOC, 2015, p. 2772.

2 García Mexía, Pablo, *Historias de internet*, España, Tirant Lo Blanch, 2012.

3 Instituto Nacional de Estadística y Geografía (INEGI), *Encuesta Nacional sobre Disponibilidad y Uso de Tecnologías de la Información en los Hogares*, México, 2018.

Estos datos dejan ver la importancia que el uso de Internet tiene en la vida de las personas y aunque actualmente es casi imposible pensar nuestra vida sin esta red, muchas veces no somos conscientes de qué es y cómo funciona.

Una definición sencilla de Internet es que se trata de "una colección de miles de redes enlazadas a través de una serie de protocolos técnicos comunes que hacen posible que los usuarios de cualquiera de esas redes se comuniquen con, o usen redes de, cualquiera de las demás redes."[4]

Esta definición hace referencia a los componentes físicos de esta red, sin embargo, es importante señalar que esto no es lo único, pues tiene componentes sociales, económicos, culturales, políticos, entre otros, entonces se puede afirmar que "también se trata de relaciones sociales, políticas y económicas que pueden afectar los derechos de los ciudadanos."[5] Para los fines de esta publicación, es esta definición la más relevante.

No obstante, es importante entender cómo funciona. En términos estructurales es a través de capas o niveles, que son tres: la de infraestructura y telecomunicaciones, la de estándares y servicios técnicos y la de estándares de contenido y aplicaciones.

La primera, como su nombre lo indica, es la parte física, es en donde fluye todo el tráfico de la red. La segunda capa contiene la infraestructura que hace funcionar Internet, es en esta capa donde se encuentran los Protocolos que hacen funcionar la red (TCP/IP; DNS). El tercer nivel contiene los estándares que permiten que los usuarios y usuarias comunes utilicen Internet y hacen inteligible al lenguaje humano las comunicaciones a través de diversas aplicaciones.

Los protocolos son un aspecto fundamental para el funcionamiento de la red, estos son estándares previamente establecidos para controlar el tráfico de los paquetes de información a través de la red; existen muchos, pero el principal de ellos es el TCP/IP (*Transmission Control Protocol/ Internet Protocol*), este permite enlazar aparatos de distintos tipos y en lugares geográficos distantes. Este protocolo tiene dos capas, la primera (TCP), se encarga de mandar los mensajes de la manera más eficiente posible, la segunda (IP), administra lo relativo a la dirección de cada paquete para que llegue a su destino correcto.

---

4 Álvarez, Clara Luz, *Internet y derechos fundamentales*, México, Porrúa, 2011, p. 1.

5 Peña, Ochoa Paz, *¿Cómo funciona internet? Nodos críticos desde una perspectiva de los derechos. Derechos Digitales*, Chile, 2013. p. 7.

Si el IP se refiere a las direcciones de los paquetes de Internet, es necesario que comprendamos claramente qué es. Básicamente IP "es un número que identifica un dispositivo conectado a internet".[6]

Es común que Internet sea confundido con la *world wide web* (www), sin embargo, esta última es solo un subconjunto de Internet, basa su navegación en hipertextos, es decir, se pueden seguir enlaces que derivan a otros sitios o documentos, e incluso devolver información al servidor para interactuar con él. El acceso a www se hace a través de los navegadores como Chrome, Firefox, Safari, entre otros.

1.1.2. Implicaciones jurídicas

El uso de Internet ha modificado nuestra vida, a partir del uso de esta red ha cambiado la forma en la que nos relacionamos. Todas las relaciones que podemos tener ahora, desde las personales, laborales, comerciales, están influenciadas por Internet. La red se ha convertido en algo tan importante que "será pues en gran medida en la Red, y a causa de la Red, donde se decidirá el destino de lo que en años venideros deba y pueda entenderse por libertad, por democracia o por igualdad".[7]

Debido a la importancia que la red tiene en la actualidad, se vuelve indispensable que el Derecho intervenga, sin embargo, esta intervención no es sencilla, a partir del surgimiento y evolución del Internet, las y los juristas han reaccionado de distintas maneras para abordar estos temas, una de ellas considera que las normas jurídicas tradicionales se podrían aplicar a los entornos virtuales, es decir, simplemente aplicar las normas ya existentes a los hechos jurídicos que se realizan en Internet; y la otra, señalando la necesidad de instaurar nuevas normas jurídicas que pudieran aplicarse a las actividades en el ciberespacio.[8]

Han surgido entonces, ramas del Derecho que se dedican específicamente a abordar estos temas. En primer lugar, está el Derecho Informático, que puede definirse como "el conjunto de principios y normas que regulan los efectos jurídicos nacidos de la interrelación de sujetos en el

---

6 *Ibídem,* p. 16.

7 García Mexía, Pablo, *Derechos y libertades, internet y tics,* España, Tirant Lo Blanch , 2014, p. 13.

8 Jiménez, William Guillermo y Meneses Quintana, Orlando, "Derecho e internet: introducción a un campo emergente para la investigación y práctica jurídicas, *Revista Prolegómenos,* Colombia, volumen XX, núm. 40, julio-diciembre 2017, p. 56.

ámbito de la informática y sus derivaciones, especialmente en el área denominada 'tecnología de la información'."[9]

También se puede hablar del Derecho de Internet, que es "aquel campo del Derecho que focaliza su atención en la regulación, jurisdicción, juzgamiento, control e imposición de medidas tendientes a garantizar los derechos y cumplir obligaciones originadas en las transacciones, usos e intercambios de información que utilizan como medio la red global interconectada de computadoras",[10] no obstante la definición anterior, algunos juristas afirman que "no existe un derecho propio del ciberespacio, sino problemas jurídicos específicos ocasionados por las particularidades del internet".[11]

Independientemente de cómo se denomine la rama del Derecho que se encargue de las relaciones entre este y las tecnologías, y específicamente con Internet, lo cierto es que estas relaciones existen y que se vuelve cada vez más importante la intervención del Derecho para evitar posibles violaciones a los derechos de las personas usuarias, y, en general, de todos los actores que intervienen.

1.1.3. Características

Los desafíos a los que el Derecho se enfrenta en relación con la red están relacionados directamente con sus características. Una autora que aborda estos aspectos es Clara Álvarez,[12] quien señala entre las principales áreas de interés para la ciencia jurídica lo relacionado con: ausencia de control único y regulación, la característica de "sin fronteras", la gobernanza del Internet y la multiplicidad de actores y la brecha digital.

No obstante la lista que propone Álvarez, considero que Jiménez y otros[13], presentan una lista de características más exhaustiva, ya que mencionan diez de estos aspectos: 1) su carácter transfronterizo, 2) independencia geográfica, 3) comunicación instantánea, 4) amplio uso, 5) portabilidad, 6) difícil control, 7) convergencia y conectividad con otras formas de redes, 8) infinito número de destinatarios, 9) anonimato, 10) fácil reproducción.

---

9 *Ibidem,* p. 49.

10 *Ídem.*

11 Rodríguez Puerto, Manuel J., *La regulación de internet y la teoría jurídica, op. cit.*, p. 45.

12 Álvarez, Clara Luz, *op.cit.*

13 Jiménez, William Guillermo y Meneses Quintana, Orlando, *op.cit.*

1.1.3.1. Carácter transfronterizo

Un aspecto distintivo de la red de Internet es que es transfronterizo, es decir, las comunicaciones y la información que circula en ella trascienden las fronteras físicas. "Desde el punto de vista del usuario, el internet se presenta como una plataforma única, continua y sin límites o fronteras, su capacidad de acción está limitada únicamente por la aplicación en que se desenvuelve".[14]

1.1.3.2. Independencia geográfica

Aunado a la característica anterior, el Internet se presenta como un espacio con independencia geográfica, lo cual implica, de acuerdo con Jiménez, por lo menos tres cosas: primero, para quien ofrece información, la facilidad para que la comunicación por Internet esté disponible a mucha gente a través de las fronteras; segundo, para quienes buscan información, la ubicación geográfica de la información es virtualmente irrelevante, y tercero, el costo de la comunicación es relativamente independiente de la distancia, en cambio, el servicio postal o el teléfono incrementan con la distancia.

1.1.3.3. Comunicación instantánea

A diferencia de otras formas de comunicación, la que sucede en Internet es instantánea, es decir, los mensajes —pueden ser correos electrónicos o textos en cualquier aplicación de mensajería—, o el contenido audio visual —videollamadas, imágenes, audios—, puede ser visualizado por la persona destinataria en el mismo momento en el que es enviado, sin importar en dónde se encuentren las personas, lo cual es posible debido a las propias características de la red.

1.1.3.4. Amplio uso

Esta red se ha vuelto muy popular, cada vez más personas son usuarias, y esto se debe a varias razones. En primer lugar, que para usarla hay un bajo nivel de requerimientos técnicos y económicos, es decir, casi cualquier per-

---

[14] Herrán Aguirre, Alejandro F., *La libertad de expresión y el internet, consideración de derechos fundamentales y conflictos de derechos*, México, Tirant Lo Blanch UNACH, 2019, p. 32.

sona puede ser usuaria; en segundo lugar, la velocidad y el alcance global que puede tener la comunicación, además de que Internet ha permitido que las personas se comuniquen a pesar de la barrera idiomática, pues la misma red permite el uso de herramientas de traducción que facilitan la comunicación entre personas de diversos países de manera fácil y rápida.

No obstante lo anterior, vale la pena hacer algunas precisiones en cuanto al acceso de las personas a Internet, ya que, si bien es cierto, el uso de esta red es cada vez más popular, también es cierto que existe un gran número de personas que, por diversas causas, han enfrentado dificultades para usar Internet; para entender estos obstáculos en el acceso y uso de las tecnologías se ha utilizado el concepto de brechas digitales.

1.1.3.4.1. Brechas digitales

A las barreras o desigualdades en el acceso a las tecnologías en general, y a Internet en particular, se les conoce como brecha digital. Estas desigualdades pueden deberse a muchos motivos, por ejemplo, género, raza, situación social o edad, aunque no en términos absolutos.

Este concepto puede tener muchas definiciones, una de ellas es la que presenta la Organización para la Cooperación y el Desarrollo Económicos (OCDE), quien menciona que es "la brecha entre individuos, hogares, regiones económicas y geográficas con diferentes niveles socioeconómicos en relación tanto a sus oportunidades de acceso a las TIC como al uso de internet para una amplia variedad de actividades."[15]

Esta brecha puede ser de diversas clases. Delia Crovi menciona al menos 5 escenarios relacionados con la brecha digital:

1. *Tecnológico:* tiene que ver con la infraestructura material;
2. *Económico:* se refiere a la carencia o disponibilidad de recursos para acceder a las redes;
3. *Habilidades informáticas:* son las capacidades cognitivas que las personas usuarias deben poseer;
4. *Capital cultural:* entendido como la acumulación propia de una clase, que heredada o adquirida mediante la socialización, tiene mayor

---

15 OECD, "Understanding the Digital Divide", *OECD Digital Economy Papers*, No. 49, OECD Publishing, Paris. 2001, disponible en: http://dx.doi.org/10.1787/236405667766

peso en el mercado simbólico cultural entre más alta es la clase social de su portador; y,

5. *Político:* relacionado a las políticas públicas sobre el acceso a las redes y la voluntad de generar participación en torno a ellas.[16]

Parafraseando a Claudia Ivette Pedraza, se puede hablar de 3 aspectos de la brecha digital: brecha de acceso, que se relaciona con la diferencia de conectividad y disponibilidad de redes, dispositivos y servicios; la brecha de uso son los conocimientos y habilidades para ser utilizados los dispositivos, y la brecha de apropiación, que tiene que ver con las posibilidades de elegir y orientar su uso para beneficio de las personas usuarias.[17]

Los datos acerca del uso de las tecnologías de la información y la comunicación reflejan estas desigualdades, pues, de acuerdo con la Unión Internacional de Telecomunicaciones (UIT), a finales de 2018, el 51,2% de las personas, es decir, 3 900 millones, utilizaban Internet, sin embargo, son los países más desarrollados los que presentan niveles de conexión más elevados, 4 de cada 5 personas están conectadas.

Además, ese mismo informe refleja una brecha en cuanto a brecha de uso, pues señala que cuanto más compleja es una actividad, menos personas la realizan, y que quienes usan computadoras en los países desarrollados parecen poseer más conocimientos sobre las TIC que los usuarios de los países en desarrollo.[18]

En nuestra región, en los países del sur el porcentaje de población conectada es mayor que en los países de Centroamérica y el Caribe, en promedio la población conectada llega al 40%, unas 231 millones de personas, de las cuales 145 millones tienen cuenta activa en la red social Facebook.[19]

En México, de acuerdo con la Encuesta Nacional sobre Disponibilidad y Uso de Tecnologías de la Información en los Hogares, hay 80.6 millones de personas usuarias, lo cual representa más del 70.1 por ciento de la pobla-

---

16 Crovi Drieta, Delia, "Dimensión social del acceso, uso y apropiación de las TIC", *Contratexto* n.O 16, 2008, ISSN 1025-9945, pp. 65–79., p. 70.

17 Pedraza Bucio y Claudia Ivette, "La brecha digital de género como vértice de las desigualdades de las mujeres en el contexto de la pandemia por Covid-19", *Logos* / Año XLIX / Número 136 / ene-jun 2021 / p. 11

18 Union Internacional de Telecomunicaiones, *Informe sobre Medición de la Sociedad de la Información*, Suiza, ITU Publicaciones, 2018.

19 Sabanes Plou, Dafne, et al, *La mujer y las tecnologías de información y comunicación*, APC, 2015.

ción total. El 91.2 por ciento de las personas entre 18 a 24 años son usuarias de Internet, siendo este el sector poblacional con mayor conexión.

En los datos de nuestro país, también se pueden observar las brechas digitales, especialmente en relación con el acceso a Internet de las personas de acuerdo a la zona en la que viven, pues, mientras que en las zonas urbanas el acceso es de 76.6% en las zonas rurales apenas llega al 47.7% de la población.[20]

Una de las diferencias más notorias en cuanto al acceso y uso de Internet está relacionada con el género, ya que de forma general, más hombres están conectados, 58% frente al 48% de las mujeres.[21] A esta desigualdad se le conoce como brecha digital de género, y "es el concepto analítico que explica y mide el retraso, respecto a los varones, que las mujeres sufren en la incorporación al uso de las nuevas tecnologías. Implica barreras estructurales y culturales."[22]

Es importante señalar que estas brechas son interseccionales, es decir, obedecen a diversos factores, los cuales pueden agravar estas desigualdades, por ejemplo, si eres mujer y vives en un país en vías de desarrollo tienes menos posibilidades de acceso, prueba de ello son los datos proporcionados por la UIT que señalan que las mujeres sin acceso a Internet en Europa es de 25%, mientras que en África asciende al 80%.[23]

1.1.3.5. Portabilidad

La portabilidad puede tener dos significados: 1) la capacidad de un programa o sistema para ejecutarse en diferentes plataformas o arquitecturas, con mínimas modificaciones, y, 2) la facilidad con que se puede transportar un dispositivo electrónico como una computadora o una consola[24], específi-

---

20 Instituto Nacional de Estadística y Geografía (INEGI), *Encuesta Nacional sobre Disponibilidad y Uso de Tecnologías de la Información en los Hogares*, México, 2019.

21 The Telecommunication Development Sector (ITU-D), *UIT, ICTs, LDCs and the SDGs: Achieving universal and affordable Internet in the least developed countries*, Suiza, 2019.

22 Del Campo, Susana de Andrés, et al, "Brechas digitales de género. Una revisión del concepto", *Revista científica electrónica de Educación y Comunicación en la Sociedad del Conocimiento*, España, Época II Año XX Número 20 Vol. I Enero-Junio de 2020 ISSN: 1695-324X.

23 The Telecommunication Development Sector (ITU-D), *op. cit.*

24 Definición de portabilidad (informática). Disponible en: https://www.alegsa.com.ar/Dic/portabilidad.php consultada el 01 de junio de 2021.

camente en relación con Internet, significa "la cantidad de páginas web, servidores, computadores y dispositivos disponibles en cualquier lugar, que pueden así mismo, acceder a la misma página o información de forma simultánea e independiente."[25]

1.1.3.6. Difícil control

Otra característica es la dificultad de control, lo cual se debe a su propia estructura, o como dice Lessig[26] su "arquitectura", además de que esta red no pertenece a una persona en particular, se trata de una red que se conecta a un sin número de redes, como se ha mencionado con anterioridad. No obstante esta dificultad, no implica ausencia de control, pues, como se analizará posteriormente, existen mecanismos que permiten el control, o la regulación de esta red.

1.1.3.7. Convergencia y conectividad con otras formas de redes

La propia estructura de la red permite una convergencia y conectividad con otras formas de redes, tales como la televisión, la radio, la prensa o la telefonía. Es una realidad que cada vez más, los canales de televisión y la estaciones de radio transmiten sus contenidos a través de Internet, ya sea a través de plataformas creadas para ese fin, o por medio de las redes sociales existentes. Esta característica resulta importante porque Internet se ha convertido en un espacio tan general y abierto que es posible encontrar contenido de casi cualquier tema.

1.1.3.8. Infinito número de destinatarios

Internet permite el envío de la información desde un emisor a múltiples y desconocidos destinatarios, y, aunque esta característica también la poseen otros medios de comunicación como la radio o la televisión, lo que hace la diferencia es la posibilidad de interacción inmediata, además de las otras características que se han señalado.

---

25 Jiménez, William Guillermo y Meneses Quintana, Orlando, *op. cit.*

26 Lawrence Lessig es uno de los juristas que más a aportado al estudio de internet y derecho, una de sus principales obras es El Código 2.0 en el que habla específicamente sobre el ciberespacio.

1.1.3.9. Anonimato

Un aspecto fundamental es el anonimato, muchas veces es casi imposible determinar el nexo de una persona en particular con la información que ha sido alojada en internet. Esta característica puede tener elementos positivos y negativos, pues, por un lado, el anonimato permite garantizar el derecho a la privacidad de las personas usuarias, sin embargo, también dificulta la detección y sanción, en su caso, de las personas que violentan los derechos de otras usuarias de la red.

1.1.3.10. Fácil reproducción

La característica de fácil reproducción se refiere a la posibilidad casi infinita que tiene un usuario de descargar información, copiarla en una memoria, computadora o cualquier otro dispositivo de almacenamiento y reenviarla o redistribuirla a múltiples destinatarios, quienes a su vez, pueden hacer lo mismo, sin que la cantidad de reproducciones afecte la calidad del contenido compartido.

1.1.3.11. Neutralidad

La neutralidad del Internet es una de sus principales características, la cual puede ser definida como "un principio que establece que todos los contenidos que circulan por internet deben recibir tratos igualitarios y no deben discriminarse según su origen, uso o aplicación."[27]

Con todas las características descritas de manera breve, pues se han escrito libros completos haciendo referencia a una sola de ellas, podemos darnos una idea, por lo menos básica, de cómo es y cómo funciona Internet y es importante recordar, parafraseando lo que muy acertadamente señala Miguel del Fresno, que en internet hay cosas que son posibles y otras que no, todo está determinado por el código.[28]

---

27 Fernández, Paola Elisabet, "Neutralidad en la red: tensiones para pensar la regulación de internet", *Questión, Revista especializada en comunicación*, Argentina, volumen 1, núm. 42, abril-junio 2014.

28 Del Fresno, Miguel, Red social online una propuesta de definición, disponible en http://migueldelfresno.com/2010/09/red-social-online-una-propuesta-de.html, consultado el 02 de agosto de 2020.

1.2. CIBERESPACIO

Otro concepto que se requiere tener claro es el de ciberespacio. Es posible que sea un término que hemos escuchado con frecuencia, y que, siempre está asociado con el Internet, pues la línea que separa a uno de otro es muy sutil. Podemos afirmar, como lo hace Luis Manuel Martínez Hernández, que "el ciberespacio es un término vulgar de dominio común entre los cibernautas, esto es, entre las personas que hacen uso de la red de redes sin un conocimiento técnico de la misma."[29]

El diccionario tecnológico en línea, define al ciberespacio como "El espacio virtual determinado por la conexión de personas a través de redes."[30]

Una definición más amplia es "un nuevo ambiente humano y tecnológico. Comprende personas de todos los países, culturas e idiomas, y de todas las edades y ocupaciones que proporcionan y demandan información, así como una red mundial de computadores interconectadas por virtud de la infraestructura de telecomunicaciones, haciendo posible que la información se procese y transmita digitalmente".[31]

En la definición anterior, se pueden advertir las principales características del ciberespacio, en primer lugar, se reconoce la convergencia entre el factor tecnológico y el humano, que comprende a personas de diversas regiones geográficas, mientras que el aspecto tecnológico se refiere a todos esos elementos que se requieren para hacer posible la conexión.

El ciberespacio también puede entenderse como el "conjunto de medios y procedimientos basados en las tecnologías de la información y comunicaciones, configurados para la prestación de servicios digitales."[32]

Aunque las definiciones anteriores son aceptadas de manera generalizada, también existen otros autores que señalan que es "una idea metafórica de que la conciencia se encuentra en interacción con la tecnología. Determina una creación de espacio y tiempo a través de Internet, cuando la

---

29 Martínez Hernández, Luis Manuel, et al, *Virtualidad, ciberespacio y comunidades virtuales, Red Durango de Investigadores Educativos*, A. C., México, 2014, p.46.

30 *Diccionario Tecnológico en línea*, disponible en: https://tecnologicon.com/definicion-de-ciberespacio-informatica/

31 Álvarez , Clara Luz, op. cit. p. 2.

32 Téllez Valdés, Julio, *Lex Cloud Computing*, México, UNAM, 2013, p. 695.

computadora se convierte en un vínculo entre la conciencia del individuo y el mundo virtual."[33]

El ciberespacio es un concepto fundamental pues no puede ser entendido como solo un lugar al que vamos, sino como un lugar en el que habitamos, en el que realizamos una gran cantidad de actividades, un espacio que se ha convertido en una parte constitutiva de nuestra identidad.

Comprender lo anterior resulta importante pues "tanto en internet como en el ciberespacio, la tecnología define el entorno del espacio y nos proporciona un grado de control sobre el funcionamiento de las interacciones mucho mayor que en el espacio real."[34]

Lessig señala que "el ciberespacio es ese lugar en donde los individuos son, inherentemente, libres del control de los soberanos del espacio real."[35]

La línea que separa el ciberespacio y el espacio *offline* es cada vez más borrosa, pues pasamos cada vez más tiempo en el ciberespacio, y este se ha convertido en una extensión de nuestra vida, por ello, recientemente se han empleado conceptos para definir esta vida hiperconectada que vivimos actualmente, uno de estos es *onlife*.[36]

1.3. APLICACIONES Y REDES SOCIALES

Como se señaló al principio de este capítulo, una gran parte del tiempo que las personas pasan en el ciberespacio, o utilizando Internet está dedicado a las redes sociales, por ello, en este apartado se analizará qué son y cuáles son sus principales características.

Actualmente, cuando nos referimos a las redes sociales, lo más común, o la idea generalizada es que se trata de las redes sociales virtuales o digitales, sin embargo, antes de que las redes sociales virtuales existieran y se popularizaran, este concepto fue utilizado para referirse a las formas de conexión que surgen entre las personas, y aunque en esta obra, efectiva-

---

33 Palomino Ángeles, Elisa, "Los conceptos jurídicos fundamentales en la era del Internet." *Alegatos* 29.90 (2018): 391-406, p. 395.

34 Lawrence Lessig, *The Code 2.0*, New York, Basic Books, 2009

35 Lawrence Lessig, "Las leyes del Ciberespacio", *THEMIS: Revista de Derecho*, ISSN 1810-9934, Nº. 44, 2002 (Ejemplar dedicado a: Análisis Económico del Derecho), p. 173.

36 Luciano Floridi, *The Onlife Manifesto*, United Kingdom, Oxford Internet Institute, 2015.

mente el título se refiere a redes sociales digitales, entender de manera breve el origen de este término resulta interesante, pues las redes sociales reales o no virtuales comparten características con las digitales, su principal diferencia radica en el entorno o el medio en el que las interacciones sociales se presentan.

En su Blog personal, Del Fresno plantea una definición de red social *online,* y en este momento resulta interesante lo que dice acerca de las diferencias entre las redes sociales *offline* y las *online* "el hecho diferencial de las redes sociales *online* sobre las redes sociales en el contexto *offline* es que pueden tener lugar en cualquier momento, desde cualquier lugar físico de forma síncrona o asíncrona y desde dispositivos fijos o móviles."[37]

En cuanto a los cambios que las redes sociales digitales han provocado en las relaciones e interacciones sociales, Jorge Vega Núñez señala cuatro modificaciones específicas: enormidad, que se refiere a que se incrementa el número de personas con las que podemos tener conexiones; la comunalidad, entendida como la capacidad de ampliar la escala en la que podemos compartir información y trabajo colaborativo en red; la especificidad, que alude al incremento de la capacidad de crear vínculos sobre temas particulares y virtualidad, que refiere a la capacidad de crear identidades virtuales.

El estudio de estas redes es necesario, porque "las redes sociales de las que formamos parte juegan un papel central en nuestras actividades y despliegue social, y condicionan o definen los recursos a los que podemos acceder,"[38] además, están íntimamente relacionadas con lo que somos, pues "para comprender quienes somos, debemos comprender como estamos conectados."[39]

El uso por primera vez del concepto "red social" se atribuye a Barnes y puede ser definida como "un conjunto de puntos, algunos de los cuales están unidos por líneas. Los puntos son personas o grupos, y las líneas indican que los individuos interactúan mutuamente."[40]

---

37 Del Fresno, Miguel, *op. cit.*

38 Del Fresno, Miguel, "Análisis de redes sociales y medios sociales de internet.Usando la visión para pensar: la estructura de las relaciones en red en Twitter", en Miguel del Fresno, Pilar Marqués y David S. Paunero (eds), *Conectados por redes sociales, introducción al análisis de redes sociales y casos prácticos,* España, Editorial UOC, 2015.

39 Christakis Nicholas A, y Fowler, James H., *Conectados, el sorprendente poder de las redes sociales y cómo nos afectan,* Tr. Amado Diéguez, Laura Vidal y Eduardo Schmid, México, Santillana Ediciones, 2010.

40 Marqués Sánchez, Pilar y María F. Muñoz-Doyague, "Análisis de redes sociales: definición y conceptos básicos", en Miguel del Fresno, Pilar Marqués y David S.

Distintas disciplinas se han interesado en el estudio de las redes sociales, tales como la Sociología, Antropología, Matemáticas, Ciencia Política, Economía, entre otras. Los enfoques que cada una de estas disciplinas les da al análisis de redes sociales depende, tanto de las características propias de la disciplina, como del interés particular de quien investiga y analiza, sin embargo, en general, el estudio de las redes sociales se centra en las relaciones y flujos entre las personas, grupos y organizaciones.

Ahora bien, actualmente al referirnos a "red social" inevitablemente pensamos en las virtuales, tales como TikTok, Facebook, Twitter e Instagram, conocidas de manera general como redes sociales *online*, virtuales o digitales; "una red social *online* es un conjunto de nodos interconectados formando una estructura social de entidades organizada con un cierto propósito común que puede ser solidario o no."[41]

Estudiar estas redes es importante pues el gran alcance que pueden tener permite reconocerlas como "las grandes protagonistas actuales de la sociedad digital."[42]

Estas redes también pueden ser definidas como "un sitio en internet cuya finalidad es permitir a los usuarios relacionarse, comunicarse, compartir contenido, y crear comunidades."[43]

Al ser un sitio en Internet, para que estas redes funcionen en nuestros dispositivos, es necesario contar con la aplicación correspondiente; una aplicación o programa es un tipo de *software* que funciona como un conjunto de herramientas diseñado para realizar tareas y trabajos específicos en tu dispositivo —computadora, teléfono móvil, tableta, etc.— y son herramientas que mejoran su desempeño.

Paunero (eds), *Conectados por redes sociales, introducción al análisis de redes sociales y casos prácticos*, España, Editorial UOC, 2015.

41 Del Fresno, Miguel, "Análisis de redes sociales y medios sociales de internet.Usando la visión para pensar: la estructura de las relaciones en red en Twitter", en Miguel del Fresno, Pilar Marqués y David S. Paunero (eds), *Conectados por redes sociales, introducción al análisis de redes sociales y casos prácticos*, España, Editorial UOC, 2015.

42 Caldevilla Domínguez, David, "Las redes sociales, Tipología, uso y consumo de las redes 2.0 en la sociedad digital actual", *Documentación de las Ciencias de la Información, 33*, 45

43 Urueña, Alberto (Coord), *Las redes sociales en internet*, Observatorio, Nacional de las Telecomunicaciones y de la SI ONTSI, 2011, p.12-68. Disponible en: https://revistas.ucm.es/index.php/DCIN/article/view/DCIN1010110045A

1.3.1. Características

Las redes sociales son un servicio que permite a las personas: (1) construir un perfil público o semipúblico dentro de un sistema delimitado, (2) articular una lista de otras personas usuarias con quienes comparten una conexión, y (3), ver y recorrer su lista de las conexiones y de las realizadas por otros dentro del sistema.[44]

Las redes sociales "son formas de interacción social, definida como un intercambio dinámico entre personas, grupos e instituciones en contextos de complejidad. Un sistema abierto y en construcción permanente a conjuntos que se identifican en las mismas necesidades y problemáticas y que se organizan para potenciar sus recursos."[45]

Como se aprecia en la definición anterior, las redes sociales permiten que quienes las usan tengan comunicación entre sí, sin embargo, esta no es la única utilidad de las redes, pues actualmente son utilizadas para un sinfín de actividades, tales como jugar, encontrar trabajo y trabajar, comercializar productos y servicios, entre otras.

Todo lo anterior es posible gracias a las características que estas redes tienen, y aunque, es indiscutible el beneficio que generan, también es una realidad que en estos espacios suceden actividades negativas, e incluso se cometen delitos.

Las definiciones anteriores permiten un acercamiento general a las características de estas redes, sin embargo, debido a la diversidad de redes sociales digitales existentes, cada una de ellas presenta particularidades y funciones específicas.

Se puede comenzar señalando que las redes sociales digitales se caracterizan por tener pocos requerimientos físicos y tecnológicos y por ser accesibles prácticamente a todas las personas sin que necesiten tener conocimientos especializados; para poder acceder a ellas solo se requiere un dispositivo (que puede ser un *smartphone*, una tableta o una computadora) y conexión a internet, lo cual hace su uso masivo.

---

44 Islas Octavio y Paola Ricaurte, *Investigar redes sociales. Comunicación total en la sociedad de la ubicuidad*, México, 2013, p.32.

45 Espinosa Infante, Elvia y Salvador de León Jiménez, "Una mirada a las redes sociales virtuales desde el género", *Gestión y estrategia*, Num. 43, enero-junio 2013.

De acuerdo con datos de Digital 2020 Global Digital Overview, más de 4.5 mil millones de personas son usuarias de internet a principios de 2020, y de estas, 3.8 mil millones son usuarias de redes sociales.[46]

Otro aspecto esencial en las redes sociales digitales es la inmediatez con la que se puede interactuar en ellas sin importar la ubicación geográfica de las personas usuarias.

También resulta relevante que las y los usuarios no son simples receptores de los mensajes, sino que se convierten en creadores de contenido, de hecho, son las propias publicaciones de las y los usuarios las que alimentan a la red social.

Un rasgo distintivo de las redes sociales virtuales es que los y las usuarias pueden permanecer en el anonimato, pues pueden crear perfiles con algún alias, o simplemente crear perfiles falsos, lo cual puede hacer realmente difícil localizar la identidad de las personas cuando están involucradas en alguna acción ilegal dentro de la plataforma.

Aunque originalmente la mayoría de estas redes sociales fueron diseñadas para ser usadas de manera personal, actualmente estas aplicaciones son utilizadas por empresas, organizaciones e instituciones.

Para esta obra, las redes sociales relevantes y en las que centraré el estudio son Facebook, Twitter[47] e Instagram. La decisión de investigar estas redes atiende en primer lugar al número de personas usuarias[48], y a las propias características de estas redes, las cuales serán descritas a continuación. La informacion que se presenta ha sido tomada de los documentos que se citan y de mi propia experiencia como usuaria de estas aplicaciones.

---

46 *We are social, Digital 2020: global digital overview,* 2020, disponible en https://datareportal.com/reports/digital-2020-global-digital-overview consultado el 24 de Agosto de 2020.

47 Con la compra de esta red social de parte de Elon Musk en mayo de 2022, ha tenido una serie de cambios, uno de los principales se dio en julio de 2023 cuando cambió su nombre y logotipo. Actualmente esta se denomina "X", y cambió su clásico "pajarito" azul por una x blanca con fondo negro.

48 De acuerdo con el reporte Global presentado por We Are Social, a nivel mundial, Facebook cuenta con 2,740 millones de usuarios, Twitter con 353 millones e Instagram con 1,221 millones. El mismo reporte señala que las páginas de estas redes sociales ocupan los lugares 3°,4° y 5° de los sitios web más visitados en todo el mundo. El reporte puede ser consultado en: https://wearesocial.com/digital-2021.

Facebook

Facebook[49] es sin duda "el gigante de las redes sociales", y para algunos es considerada la "madre de las redes sociales,"[50] y esto se debe a que su creación, en 2004, revolucionó el uso de las redes sociales y actualmente es la que cuenta con el mayor número de usuarios en todo el mundo.[51]

En esta red social, para que exista interacción entre las y los usuarios se requiere una relación de "amistad", es decir, que es necesario que ambas personas usuarias sean "amigas" en esta red para que se pueda ver lo que se publica en su muro y hacer comentarios o poner reacciones, que hasta el momento de la redacción de este texto pueden ser: el clásico "me gusta" (*like*), "me encanta", "me importa", "me divierte", "me asombra", "me entristece" y "me enoja".

En Facebook se puede publicar casi cualquier tipo de contenido, en el espacio conocido como "estado" se puede redactar texto sin límite de caracteres, se pueden publicar fotos, videos, transmisiones en vivo, poner estados de ánimo o sentimientos y actividades, seleccionar en el mapa nuestra ubicación, "etiquetar" amigos, pedir recomendaciones e incluso jugar.

Facebook busca crear un espacio donde las personas puedan expresarse y dar a conocer su opinión, sin embargo, se establecen restricciones en cuanto a lo que no se permite publicar; de manera general, esta red prohíbe hacer publicaciones de cualquier tipo de contenido que esté prohibido por la ley.

Las Normas Comunitarias de Facebook son muy específicas y abordan muchos aspectos, en particular, de manera resumida, en ella no se pueden hacer publicaciones violentas (cualquier declaración o incitación a la violencia), contenido relacionado con personas peligrosas (terroristas, grupos delictivos en general), no se permite la compra, venta, obsequio, intercambio y traspaso de artículos regulados (drogas, armas de fuego, etc.), contenido cuya intención sea engañar, que defraude o explote a otras personas para obtener dinero o propiedades, tampoco se pueden hacer publicaciones que celebren o promuevan el suicidio y las autolesiones, no se admite

---

49 En octubre de 2021, Mark Z Mark Zuckerberg anunció el cambio de nombre de Facebook a Meta, no obstante, en este documento se seguirá usando el nombre de Facebook.

50 Lirola Pino, Candela, et al, "Nuevas vías para la publicidad: análisis de la red social Instagram", trabajo de fin de grado, Universidad de Sevilla, 2015.

51 De acuerdo con el informe digital 2020: global digital overview, 2020, hasta enero de 2020, Facebook contó con cerca de 2.449 millones de usuarios activos en un mes.

contenido donde se explote sexualmente o se ponga en peligro a niños, niñas o adolescentes, tampoco está permitido el contenido que muestre o promueva violencia, agresiones o explotación sexuales, o que constituya amenazas de este tipo, tampoco se permite lenguaje que incite al odio.[52]

Los perfiles que se crean en esta red pueden ser personales, pero también se pueden crear páginas de instituciones, empresas, organizaciones o figuras públicas. Además, se pueden crear grupos con temas específicos.

Twitter

Esta red social creada en 2006, puede ser definida "como un microblogging conversacional y es una de las plataformas sociales online más destacadas por su dinamismo y crecimiento local y global".[53]

Desde sus inicios, una característica que hizo especial a esta red social fue la restricción de 140 caracteres —actualmente se permiten 280—, es decir, cada *tweet* que se publica no debe exceder este número de caracteres, aunque se pueden hacer enlaces y referencias a otras publicaciones, incluso de plataformas diferentes. Otro rasgo distintivo en Twitter es que una vez que el tweet ha sido publicado no se pueden hacer ediciones, aunque sí se pueden eliminar.

Los tweets son públicos, es decir, todos los *followers* de la cuenta pueden verlos, pero también se pueden mandar mensajes directos (DMS), sin embargo, para poder utilizar esta función es necesario que ambas cuentas se sigan, mientras que con los tweets la relación puede ser asimétrica, o sea, que una cuenta puede seguir a otra sin que la otra deba seguirla.

Instagram

Instagram es "una aplicación exclusivamente para smartphones creada en 2010 para compartir fotografías, y en sólo cuatro años ha llegado a superar la cifra de 300 millones de usuarios."[54]

A diferencia de las redes descritas anteriormente, en las que se puede subir prácticamente cualquier tipo de contenido, en Instagram solo se pueden subir fotografías o imágenes y videos, lo cual resulta su característica

---

[52] Las Normas comunitarias de Facebook se pueden consultar en: https://www.facebook.com/communitystandards/

[53] Del Fresno, *op .cit.*

[54] Lirola Pino, Candela, et al, Nuevas vías para la publicidad: análisis de la red social Instagram, trabajo de fin de grado, Universidad de Sevilla, 2015.

fundamental. Estas fotos y videos pueden ser tomadas directamente con la cámara del teléfono o desde la galería, y al subirlas se pueden utilizar filtros exclusivos de esta red social.

La cuenta o perfil en Instagram puede ser vinculada con otras redes sociales como Facebook.

Al igual que Twitter, en Instagram las interacciones pueden ser asimétricas, pero en esta red social las y los usuarios deciden si sus perfiles son públicos o privados, lo cual implica que si el perfil es privado, solo las personas a las que el dueño o dueña de la cuenta acepte serán quienes vean sus publicaciones.

El uso de *hashtag* es muy popular en esta red, lo cual permite localizar publicaciones que contienen las palabras especificadas en el *hashtag*, identificado con el símbolo #.

Esta red únicamente permite una reacción que es "me gusta" o *like* ya sea a las publicaciones o a los comentarios.

Una función distintiva en Instagram era la publicación de videos cortos o imágenes con una duración de 24 horas, conocidas como historias, en las que se pueden crear videos, subir imágenes con filtros, gifs o emojis, e incluso se puede compartir la música, actualmente otras redes sociales como Facebook, Twitter y WhatsApp también cuentan con esta función.

El crecimiento de Instagram ha sido significativo, "cuenta con 300 millones de usuarios, triplicando en tan sólo tres trimestres el número, lo que supone el mayor crecimiento que una red social ha experimentado en el menor tiempo. Se publican más de 60 millones de imágenes y se realizan 1.600 millones de *likes*. Los comentarios en las fotos ascienden a mil por segundo".[55]

Las redes sociales digitales, y estas tres en particular, son herramientas utilizadas para diversas funciones, la mayoría de estas generan beneficios, sin embargo, también pueden ser utilizadas para atacar o violentar a las personas, y existen ciertos sectores de la población que pueden ser más vulnerables a estos ataques, uno de estos sectores es el de las mujeres, por ello, a continuación se abordarán las violencias que pueden presentarse en estos espacios.

---

55 Lirola Pino, Candela, et al, *Nuevas vías para la publicidad: análisis de la red social Instagram, trabajo de fin de grado*, Universidad de Sevilla,

Capítulo 2

Violencias de género en el espacio digital

2.1. GENERALIDADES

"Ser mujer en internet y ponerse a opinar es vivir en la ofensa y en la confrontación."[56] Esta declaración hecha por la periodista y activista colombiana Catalina Ruiz-Navarro refleja lo que viven las mujeres en el espacio digital. Y no se trata de un caso aislado, o la percepción de una persona, de acuerdo con datos del grupo de trabajo de la Comisión de la Banda Ancha para el Desarrollo Digital de la Organización de las Naciones Unidas para la Educación, la Ciencia y la Cultura, una de cada 5 mujeres considera que internet es inapropiado para ellas; también es una realidad que los usuarios con nombres femeninos sufren más amenazas que los que tienen nombres masculinos, y quienes están más propensas a sufrir esta violencia son las mujeres entre 18 y 24 años.[57]

En este capítulo se abordarán las conductas que generan violencia contra las mujeres en el espacio digital, específicamente en las redes sociales, partiendo de nociones generales, para después hacer una clasificación de estas violencias.

Para empezar, es importante señalar que el espacio virtual no es neutro, es decir, no afecta a quienes participan en él de la misma manera, estas afectaciones dependen de aspectos como el género, la edad, la clase social, la pertenencia a algún grupo étnico, la nacionalidad, la profesión o actividad que se desempeña, entre otros.

Esta obra se centra en analizar las violencias digitales que afectan específicamente por razón de género, sin embargo, también se podrán analizar otros factores que se conectan con él, tales como la edad, el origen étnico

---

56 Ruiz-Navarro, Catalina, *Las mujeres que luchan se encuentran*, Grijalbo, México, 2019. p.252.

57 UNESCO, *Broadband commission for digital development working group on broadband and gender, Cyber violence against women and girls: A world-wide wake-up call*, 2015, p. 15.

o nacional, la orientación sexual, entre otras, pues estas características pueden tener tanto peso como el género a la hora de definir el trato que se recibe en el mundo físico y en el digital.

Para analizar estas relaciones se tomará en cuenta la interseccionalidad, entendida como "una lente a través de la cual se puede ver dónde aparecen las relaciones de poder y dónde chocan, dónde se conectan y dónde se intersectan. No estamos hablando simplemente de un problema de raza, o de género, o de clase, o de LGBTQ. Muchas veces, si encasillamos la discriminación en este marco, dejamos de lado a los que son discriminados por todas estas cosas."[58]

El informe #ToxicTwitter violencia y abuso contra las mujeres en internet, de Amnistía Internacional, menciona algunos ejemplos de esta violencia interseccional, uno de ellos es el de la parlamentaria escocesa y líder de la oposición, Ruth Davidson, quien señala:

> "...Porque soy abiertamente gay —fui la primera líder gay de uno de los principales partidos políticos en el Reino Unido— y cuando empecé, el abuso homofóbico era muy habitual. Tengo muchos seguidores en Twitter que son jóvenes homosexuales y para mí siempre ha sido muy importante mencionarlo. De vez en cuando, una vez al mes, retweeteo o rechazo algunos comentarios homofóbicos porque creo que es importante que las personas vean que ese tipo de lenguaje no es aceptable, no tienes por qué soportarlo".[59]

La Comisión Interamericana de Derechos Humanos, en adelante CIDH, menciona que "la violencia que sufren las mujeres y las niñas adopta muchas formas que, de hecho, pueden reforzarse mutuamente y superponerse."[60]

En este sentido, se puede señalar que la violencia que se presenta en el entorno digital, especialmente en las redes sociales, puede coexistir con la violencia por vías "tradicionales" o "analógicas", pero la intensidad, la repercusión a nivel relacional y psicológico, las diferencias a nivel de protección judicial, y las peculiaridades de la prueba electrónica, hacen que

58 Entrevista de Kimberlé Crenshaw a The African American Policy Forum, Kimberlé Crenshaw on Intersectionality, More than Two Decades Later, 8 de junio de 2017, disponible en https://www.law.columbia.edu/news/archive/kimberle-crenshaw-intersectionality-more-two-decades-later consultado el 30 de junio de 2021.

59 Amnistía Internacional, *#ToxicTwitter violencia y abuso contra las mujeres en internet*, 2018, p.22.

60 CIDH, *Violencia y discriminación contra mujeres, niñas y adolescentes: buenas prácticas, desafíos en América Latina y el Caribe*, OEA, 2019, p. 140.

siempre sea necesario en la actualidad, tener presente el enfoque específico de la ciberdelincuencia de género.[61]

La violencia *online* puede considerarse como un reflejo de la violencia sistemática que sufrimos las mujeres en los medios "tradicionales", ahora trasladada al entorno virtual, lo cual presenta desafíos propios, especialmente a nivel jurídico, pues, como se analizó en el capítulo anterior, por las características que posee, el entorno virtual tiene la capacidad de maximizar los efectos de los ataques, por ejemplo, "una agresión filmada y subida a internet, al poder ser vista por otras personas perpetua el ciclo de violencia revictimizando a la persona sujeto del ataque y exponiéndola a nuevas formas de violencia".[62]

Aunque la violencia en línea y en los espacios tradicionales generalmente han sido estudiadas de manera separada, es importante reconocer el vínculo que existe entre ambas:

> "La violencia en línea y fuera de línea, o la "física" y la "cibernética", se alimentan mutuamente. El abuso puede limitarse a tecnologías en red o complementarse con acoso fuera de línea, incluidos vandalismo, llamadas telefónicas y agresión física. Del mismo modo, el carácter viral de la distribución ahora es explosivo. Lo que alguna vez fue un asunto privado ahora se puede transmitir instantáneamente a miles de millones de personas en todo el mundo digital."[63]

Como se observa, la violencia digital de género no puede desvincularse de la violencia en general, sin embargo, el uso de la tecnología le da nueva importancia a esta problemática, por sus propias características, que, de manera general, son: la viralización, la posibilidad de búsquedas globales, la persistencia, replicabilidad y escalabilidad de la información.[64]

En términos generales, el objetivo de la violencia y del abuso es crear un entorno en línea hostil para las mujeres, con el propósito de humillarlas, intimidarlas, degradarlas, menospreciarlas y silenciarlas.

Además, diversas instituciones, tanto nacionales como internacionales, han mostrado su preocupación por el aumento de esta modalidad de vio-

---

61 Instituto Andaluz de la Mujer, *Protocolo de detección e intervención en la atención de víctimas de ciberdelincuencia de género,* España, 2015.

62 Vergés Bosch, Nuria, (coord.), *Redes sociales en perspectiva de género: guía para conocer y contrarrestar las violencias de género on line,* Instituto Andaluz de Administración Pública, España, 2017, p. 36.

63 UNESCO, *op. cit.*, p. 7.

64 Shaher, Sandra, *op. cit.*, p. 16.

lencia; de acuerdo con datos de la Comisión de la Banda Ancha para el Desarrollo Digital creada por las Naciones Unidas, el 73% de las mujeres en el mundo han estado expuestas o han experimentado algún tipo de violencia en línea[65], "la violencia contra las mujeres en internet ha surgido como una nueva forma de violencia por razones de género la cual la CIDH nota se está extendiendo rápidamente y supone un peligro significativo."[66]

Otro aspecto a resaltar en cuanto a la violencia contra las mujeres que se presenta en medios virtuales, es que con frecuencia se culpa a las víctimas de las agresiones sufridas, por haber compartido una foto o video, o por tener interacción con personas desconocidas, o simplemente por el hecho de utilizar determinada red social, canalizando en esas agresiones los recursos y esfuerzos que deberían ser utilizados en erradicar la violencia y sancionar a quienes son culpables de estas agresiones.

También es importante señalar que los efectos que la violencia digital puede provocar no se limitan al entorno *online* o virtual, sino que también se trasladan al espacio real u *offline*, y que estos pueden ser individuales y colectivos, aunque "dado que nuevos tipos de violencia en línea se manifiestan en una serie de formas y/o interacciones en el espacio de Internet o digital, a menudo es difícil distinguir las consecuencias de las acciones que se inician en medios digitales de las realidades fuera de línea, y viceversa."[67]

De acuerdo con la Organización de las Naciones Unidas, algunas de las consecuencias individuales que estas violencias generan son: abstenerse de usar Internet, aislamiento social, que lleva a las víctimas o supervivientes a retirarse de la vida pública, incluyendo a su familia y amistades, y la movilidad limitada, es decir, la pérdida de libertad para desplazarse en condiciones de seguridad.

Además de los efectos individuales que puede causar, esta violencia también genera "una sociedad en que las mujeres ya no se sienten seguras en línea o fuera de línea, debido a la impunidad generalizada de los autores de la violencia de género."[68] Pues "el acoso en internet, especialmente mediante amenazas en plataformas de redes sociales, se ha con-

---

65 UNESCO, Informe final del

66 CIDH, *op cit*, p. 140.

67 Asamblea General de la Organización de las Naciones Unidas, *Informe de la Relatora Especial sobre la violencia contra la mujer, sus causas y consecuencias acerca de la violencia en línea contra las mujeres y las niñas desde la perspectiva de los derechos humanos*, 2018, p. 5.

68 ONU, *op.cit.*, 2018, p. 9.

solidado en el periodo como una forma para intimidar, infundir miedo y censurar."[69] Esto produce que las mujeres, de manera colectiva, tengan una percepción de inseguridad limitando las formas en las que se conducen en la sociedad.

Como se puede ver, la violencia digital es un problema que va cobrando relevancia y requiere atención, pero ¿qué es? ¿cómo puede ser definida?

En sentido amplio, la violencia de género es definida por la Convención Interamericana para Prevenir, Sancionar y Erradicar la Violencia contra la Mujer (Belém Do Pará) como "cualquier acción o conducta, basada en su género, que cause muerte, daño o sufrimiento físico, sexual o psicológico a la mujer, tanto en el ámbito público como en el privado".[70]

Esta definición es muy clara y amplia, pues no la limita al espacio *offline*, sino que puede aplicarse también al entorno virtual, no obstante, existen organizaciones a nivel nacional e internacional que se han dedicado al estudio específico de la violencia digital, una de ellas es la Asociación para el Progreso de las Comunicaciones, que define a la violencia contra las mujeres relacionada con la tecnología, como:

> "Actos de violencia de género cometidos, instigados o agravados, en parte o totalmente, por el uso de las Tecnologías de la Información y la Comunicación (TIC), plataformas de redes sociales y correo electrónico; y causan daño psicológico y emocional, refuerzan los prejuicios, dañan la reputación, causan pérdidas económicas y plantean barreras a la participación en la vida pública y pueden conducir a formas de violencia sexual y otras formas de violencia física".[71]

Otra definición es la que proporciona ONUMUJERES, al señalar que la violencia digital puede entenderse "como aquella que se comete y expande a través de medios digitales, como redes sociales, correo electrónico o aplicaciones de mensajería móvil, y que causa daños a la dignidad, la integridad y/o la seguridad de las víctimas."[72]

---

69 Article 19, *Tercer Informe Trimestral: De lo digital a lo tangible*, 2016, p. 6 .

70 Organización de Estados Americanos, *Convención Interamericana para Prevenir, Sancionar y Erradicar la Violencia contra la Mujer (Convención Belém Do Pará)*, Belém Do Pará, Brasil, 09 de junio de 1994, artículo 1.

71 Barrera, Lourdes, (coord.), *La violencia en línea contra las mujeres en México*, México, Luchadoras-APC Asociación para el Progreso de las Comunicaciones, 2017, p. 15.

72 ONU MUJERES, *Violencia contra mujeres y niñas en el espacio digital, lo que es virtual también es real*, Entidad de las Naciones Unidas para la Igualdad de Género y el Empoderamiento de las Mujeres, 2020.

Cuando esta violencia relacionada con las tecnologías, violencia digital o ciberviolencia es cometida en contra de las mujeres "aludimos a las disímiles formas en que, a través de las TICs, se pretende causar o se causa daño a una o varias personas, con el objetivo de preservar o reforzar la dominación masculina y mantener la subordinación femenina mediante los pactos patriarcales en pos de la desigualdad y la opresión de género."[73]

De manera mucho más específica, la definición de violencia en línea contra las mujeres se aplica a "todo acto de violencia por razón de género contra la mujer cometido, con la asistencia, en parte o en su totalidad, del uso de las TIC, o agravado por este, como los teléfonos móviles y los teléfonos inteligentes, Internet, plataformas de medios sociales o correo electrónico, dirigida contra una mujer porque es mujer o que la afecta en forma desproporcionada."[74]

Esta definición es muy relevante, pues manifiesta los dos aspectos más importantes de esta violencia, por un lado, las razones de género, que afectan a las mujeres de manera desproporcionada, y por el otro, el uso de las TIC.

En materia legislativa, en diversos congresos locales se ha tipificado una conducta como violencia digital[75], la conocida como Ley Olimpia; en ella se sanciona a cualquier persona que divulgue, comparta, distribuya o publique imágenes, videos o audios de contenido íntimo sexual de una persona que tenga la mayoría de edad, sin su consentimiento, su aprobación o su autorización.

El 1 de junio de 2021 se publicó en el Diario Oficial de la Federación una reforma a la Ley General de Acceso de las Mujeres a una Vida Libre de Violencia, que señala en su artículo 20 Quáter, como una modalidad a la Violencia digital, definiéndola como:

---

73 García Román Mayelín y Dubravka Mindek Jagic, "Ciberviolencia de género en redes sociales. Sus tipos, trampas y mensajes ocultos", *Controversias y Concurrencias Latinoamericanas,* Vol.12, N°22 abril-septiembre 2021 ALAS Asociación Latinoamericana de Sociología, p. 337.

74 ONU, *op. cit.*, 2018.

75 Hasta el momento de la redacción de este texto, son 29 los estados de la República que han aprobado estas reformas: Aguascalientes, Baja California, Baja California Sur, Campeche, Chiapas, Chihuahua, Ciudad de México, Coahuila, Colima, Durango, Estado de México, Guanajuato, Guerrero, Hidalgo, Jalisco, Michoacán, Morelos, Nuevo León, Oaxaca, Puebla, Querétaro, Quintana Roo, Sinaloa, Sonora, Tamaulipas, Tlaxcala, Veracruz, Yucatán y Zacatecas.

> "toda acción dolosa realizada mediante el uso de tecnologías de la información y la comunicación, por la que se exponga, distribuya, difunda, exhiba, transmita, comercialice, oferte, intercambie o comparta imágenes, audios o videos reales o simulados de contenido íntimo sexual de una persona sin su consentimiento, sin su aprobación o sin su autorización y que le cause daño psicológico, emocional, en cualquier ámbito de su vida privada o en su imagen propia."[76]

Aunque estas reformas legislativas representan un avance en el reconocimiento y sanción de esta violencia, al analizar el texto resulta evidente que no se trata de una definición general, sino que se limita a uno de estos tipos, en los que esta violencia puede presentarse.

La violencia que se reproduce en los entornos digitales, especialmente a través de redes sociales, puede tener diversas manifestaciones, el uso de la tecnología para la realización de estas conductas permite que se utilicen diferentes medios.

Los tipos de violencia pueden variar de acuerdo a las o los autores que se consulten, además de que los avances en la tecnología permiten que estos tipos se modifiquen rápidamente, sin embargo, una constante es que vulneran diversos derechos de las personas usuarias, tales como el derecho a una vida libre de violencia, el derecho a la no discriminación, derecho a la libertad, derecho a la privacidad, protección de datos y los derechos políticos, por ello, para este apartado se ha desarrollado una clasificación basada en los derechos que son afectados por las conductas desplegadas.

Antes de comenzar a describir y analizar esta clasificación, es decir, las manifestaciones o tipos, es importante resaltar que cuando se comete alguno de ellos, no necesariamente se presenta de manera aislada, es decir, que no vulnera un solo derecho, sino que pueden verse afectados diversos derechos.

2.2. VIOLENCIAS CONTRA LA PRIVACIDAD Y CONTRA LA PROTECCIÓN DE LOS DATOS PERSONALES

El ejercicio de los derechos en general ha sido impactado por la tecnología, el Internet y las redes sociales, pero hay ciertos derechos que han cobrado relevancia en estos nuevos espacios, uno de ellos es el derecho

---

76 Cfr. Ley General de Acceso de las Mujeres a una Vida Libre de Violencia, artículo 20 Quáter.

a la privacidad, y son las mujeres quienes sufren particularmente estas afectaciones.[77]

En la actualidad, existen diversas empresas e instituciones que recopilan información sobre la vida privada de las personas, desde los gobiernos hasta las empresas de redes sociales. Esta información puede ser almacenada y recopilada en diversos dispositivos, como computadoras, teléfonos inteligentes, tabletas, relojes inteligentes, medidores de actividad física y otros dispositivos portátiles, además de un número cada vez mayor de dispositivos y sensores interconectados instalados en nuestros hogares inteligentes.

Un aspecto distintivo en las redes sociales es que son las propias personas usuarias quienes comparten detalles de sus vidas, fotos, videos y contenido en general relacionado con su esfera más íntima, sin considerar a quién va a llegar ese contenido, quién lo está almacenando o el uso que pudiera darse a esa información, como dicen Porcelli y Martínez "en el ciberespacio los consumidores convierten sus amistades, deseos, intereses, emociones, preguntas y búsquedas en datos que luego son procesados para determinar patrones de consumo, sin evidenciar el real poder de ellos, ya que están dispuestos a entregarlos para recibir un servicio en línea."[78]

De acuerdo con el Alto Comisionado de las Naciones Unidas para los derechos humanos, la privacidad puede entenderse como "la presunción de que el individuo debe tener una esfera de desarrollo autónomo, interacción y libertad, una «esfera privada» con o sin relación con otras y libre de la intervención del Estado y de la intervención excesiva no solicitada de otros individuos no invitados."[79]

Además, "el respeto del derecho a la privacidad se puede entender como la atribución que tiene el ciudadano para definir los usos con que se utiliza su información personal, los medios por los cuales se difunde y

---

77 En 2016, la Asamblea General, en su resolución 71/199, reconoció que las mujeres se veían particularmente afectadas por las violaciones del derecho a la privacidad en la era digital.

78 Porcelli, A. M. Y Martínez, A. N., "La reformulación del derecho a la privacidad y el reconocimiento de los nuevos derechos en el entorno digital en tiempos de COVID-19, Red Sociales", *Revista del Departamento de Ciencias Sociales*, Vol. 07, N° 07, p. 109-125. (2020), p.111.

79 Consejo de Derechos Humanos, *El derecho a la privacidad en la era digital*, Resolución Aprobada 34/7, ONU, 2018.

sobre todo los fines para los que se usa, lo cual resalta el hecho de que se apela a la autodeterminación respecto de los datos de las personas."[80]

Este derecho, entendido en términos generales como el derecho humano a la privacidad en el sentido que nadie debe ser objeto de injerencias arbitrarias o ilícitas en su vida privada, su familia, su domicilio o su correspondencia y el derecho a su protección, está reconocido en diversos instrumentos nacionales e internacionales.[81]

La Suprema Corte de Justicia de la Nación, señala que la privacidad es un "derecho de las personas a mantener fuera del conocimiento de los demás (o a veces, dentro del círculo de la familia y de las amistades más próximas) ciertas manifestaciones o dimensiones de su existencia, conducta, datos, información, objetos, al derecho a que los demás no se inmiscuyan en ellas sin su expreso consentimiento."[82]

Se puede escribir mucho acerca del derecho a la privacidad, pues es un derecho que puede tener diversos aspectos y que ha sido utilizado como fundamento para el reconocimiento y ejercicio de otros derechos, y en el entorno digital tiene particularidades que lo hacen especialmente importante, pues, debemos tener claro que "Internet es una red abierta y como tal no hay garantía alguna de privacidad pues cada vez que una persona accede a ella está abriendo una puerta hacia su intimidad, que después no va a poder cerrar, quedando por tanto expuestos permanentemente."[83]

No obstante lo anterior, existen ciertos principios básicos que deben cumplirse en Internet, atendiendo a lo que establece la Carta de Derechos

---

80 Lara Carmona, *op. cit,* p. 49.

81 En el artículo 12 de la Declaración Universal de Derechos Humanos, en el artículo 17 del Pacto Internacional de Derechos Civiles y Políticos, en el artículo 16 de la Convención sobre los Derechos del Niño y en el artículo 14 de la Convención Internacional sobre la Protección de los Derechos de Todos los Trabajadores Migratorios y de sus Familiares. En el ámbito americano, en el artículo 5 de la Declaración Americana de los Derechos y Deberes del Hombre y en el artículo 11 de la Convención Americana de Derechos Humanos de 1969. En el Convenio Europeo para la Protección de los Derechos Humanos y de las Libertades Fundamentales, el artículo 17 de la Carta Árabe de Derechos Humanos y el artículo 10 del Capítulo Africano: Carta sobre los Derechos y el Bienestar del Niño.

82 Amparo directo en revisión 2044/2008 Sentencia del 17 de junio de 2009. En México, la protección de este derecho se deriva del artículo 16 de la Constitución Política de Los Estados Unidos Mexicanos.

83 Porceli, *op.cit.*, p. 111.

Humanos y Principios para Internet[84], este derecho a la privacidad en Internet debe incluir:

a) Legislación nacional sobre la privacidad

b) Políticas de configuración de privacidad

c) Normas de confidencialidad e integridad de los sistemas TIC

d) Protección de la personalidad virtual

e) Derecho al anonimato y a utilizar cifrado

f) Libertad ante la vigilancia

g) Libertad ante la difamación

Otro aspecto relacionado con la privacidad que es importante analizar es el derecho a la protección de datos personales, el cual tiene su sustento en el derecho a la privacidad, aunque se ha conceptualizado en algunos países Iberoamericanos, legislativamente o jurisprudencialmente, como un derecho autónomo y de naturaleza distinta a los derechos a la vida privada y familiar, a la intimidad, al honor, al buen nombre y que tiene por objeto salvaguardar el poder de disposición y control que tiene toda persona con respecto a la información que le concierne, fundamentalmente en atención al empleo de las tecnologías de la información y las comunicaciones.

Para comprender claramente este derecho, en primer lugar, resulta importante saber a qué se refieren los datos personales, y estos pueden ser definidos como "cualquier información que refiera a una persona identificada o identificable. Hacen alusión a múltiples aspectos de la vida privada, como su nombre, número telefónico, correo electrónico, entre otros."[85] Estos datos no dependen del medio que se utilice para captarlos, almacenarlos, utilizarlos o comunicarlos.

Atendiendo a lo anterior, "el objetivo de la Protección de Datos personales puede ser resguardar la intimidad de la persona, su tranquilidad, y la

---

84 Internet Rights & Principles Coalition, "Carta de derechos humanos y principios para internet", *Internet Governance Forum*, 2015, p. 18.

85 Gómez Sánchez, Mario Anselmo, "La protección de datos personales en México: cambios evolutivos a 10 años de su inclusión a nivel constitucional", *Revista Mexicana de Ciencias Penales*, año 3, Núm, 10, 2020, pp. 47-58.

no perturbación de su espacio de reserva, que es el espacio de libertad. La persona decide con quien compartir esa información."[86]

En nuestro país, el reconocimiento de la protección de datos como un derecho autónomo ha tenido grandes avances en materia legislativa,[87] no obstante, es un derecho poco conocido por la sociedad en general, en consecuencia, es un derecho poco exigido, que comprende "la obligación del Estado de garantizar la protección de la información personal contenida en archivos, bases de datos, ficheros o cualquier otro soporte, sea documental o digital, concede al titular de tal información el derecho de control sobre ella, esto es, a acceder, revisar, corregir y exigir la omisión de los datos personales que un ente público o privado tenga en su poder."[88]

Otro aspecto en el que las personas usuarias de redes sociales difícilmente se ponen a pensar, es que, nada es gratis en la red, y esto aplica especialmente a estos espacios, que aparentemente son servicios gratuitos, sin embargo, en realidad el precio son los datos personales.

Estos datos personales se han convertido en uno de los artículos de mayor valor en el mercado, comparándose con el petróleo. Diversas empresas pagan grandes cantidades por obtener la información de las y los usuarios. De acuerdo con Miguel Ángel Mendoza, prácticamente cualquier tipo de cuenta en línea puede ser ofertada en el mercado negro.[89]

En cuanto a la protección de datos personales, la Carta de Derechos Humanos y Principios para Internet señala que este derecho debe incluir:

---

[86] Lara Carmona, Vanessa Lizbeth, *Vigilancia e instituciones en México, la agenda pendiente de la privacidad y la protección de datos personales*, México, Publicaciones UAEM, 2020, p.46.

[87] Son muchos los instrumentos jurídicos nacionales e internacionales que abordan el derecho a la protección de datos, desde el Convenio 108 del Consejo de Europa para la protección de las personas respecto al tratamiento automatizado de datos de carácter personal. A nivel nacional, los más importantes son artículos 7 y 16 de la Constitución Política de los Estados Unidos Mexicanos y la Ley General de protección de datos personales en posesión de sujetos obligados.

[88] Arellano Toledo, Wilma y Ochoa Villicaña, Ana María, "Derechos de privacidad e información en la sociedad de la información y en el entorno TIC", *Ius Revista del Instituto de Ciencias Jurídicas de Puebla, México*, ISSN: 1870-2147. Año VII no. 31, enero-junio de 2013, pp. 183-206.

[89] Mendoza, Miguel Ángel, *¿Cuánto por esa cuenta? El valor de la información en el mercado negro*, disponible en https://www.welivesecurity.com/la-es/2016/11/25/informacion-mercado-negro/, consultado el 01 de junio de 2021.

a) Protección de datos personales

b) Obligaciones de los colectores de datos

c) Normas mínimas sobre el uso de datos personales

d) Monitorización de la protección de datos

Las conductas que vulneran este derecho pueden ser de muchos tipos, algunas de las más frecuentes y que se han documentado más son las que se presentan a continuación.

2.2.1. Difusión de información sin consentimiento

Este tipo de conducta refiere, tal y como el mismo nombre indica, al hecho de compartir o publicar, sin la autorización de la persona propietaria, cualquier tipo de información o datos. En este sentido, la información que se comparte puede ser muy sensible como son los datos personales, domicilios, nombres de familiares, ingresos económicos o cualquier documento que sea privado. Dicha acción puede poner en riesgo a la persona que ha sido víctima. La difusión de información sin consentimiento puede tener diversas manifestaciones, las siguientes son algunas de ellas.

2.2.2. Doxing

Esta es una de las prácticas más comunes, que consiste en investigar y divulgar información de carácter personal sobre una persona sin su consentimiento. Esta conducta representa un grave riesgo para quien la sufre, ya que tiene la intención de exponerla para ser acosada, no solo *online* sino también *offline*. En el caso específico de las mujeres, muchas veces se publica información personal de la víctima insinuando que está ofreciendo servicios sexuales.

Esta conducta puede provocar efectos muy negativos en la persona que fue víctima, genera miedo e intimidación, pues no sabe qué pueden hacer con su información, o si esta se hace pública puede recibir llamadas, mensajes e incluso visitas a su domicilio personal o lugar de trabajo de personas desconocidas.

Un aspecto a resaltar en esta práctica es que no siempre los datos de las víctimas son obtenidos por medios ilegales, de hecho, en la mayoría de los casos, la información que se divulga es obtenida de los perfiles de redes sociales de las personas, por ello, resulta sumamente importante cuidar la información que publicamos, así como las configuraciones de privacidad de nuestras cuentas para evitar ser víctimas de esta forma de violencia.

2.2.3. Acceso no autorizado

Continuando con la descripción de las agresiones que pueden surgir en entornos virtuales se encuentran los ataques a las cuentas o dispositivos de una persona de forma no autorizada.

Entre las conductas realizadas por las personas agresoras se encuentra el robo de contraseñas, la utilización de programas espías, intervención/ escucha en sus dispositivos, robo de equipo, bloqueo de acceso propio, *phishing*[90], infección de virus, entre otras más.

El acceso no autorizado a las cuentas o perfiles de redes sociales puede tener diversos fines. Uno de ellos puede ser la obtención de información personal, también puede ser la restricción de acceso de la persona propietaria del perfil, e incluso, se han presentado casos en los que el fin es extorsionar a los contactos de la dueña de la cuenta, enviando mensajes solicitando dinero, fotos o información, como si se tratara de la propietaria de la cuenta.

Por lo anterior, es muy importante que cuando la víctima se percata de este acceso no autorizado, además de denunciar la situación ante la misma red, o a las autoridades competentes, pueda realizar acciones que avisen a sus contactos que la cuenta ha sido "robada", para evitar caer en este tipo de delitos.

2.2.4. Control y manipulación

El robo u obtención de información que puede implicar la pérdida del control sobre la misma, y cualquier intento de modificación no consentida con un fin determinado.

Esta violencia se puede manifestar a través de conductas como borrar, cambiar o falsificar datos personales (foto o video); tomar foto o video sin consentimiento —no necesariamente con contenido sexual—; control de cuentas en plataformas digitales.

---

90 Así se conoce a la técnica con la cual se busca conseguir información de las personas a través del engaño, ganándose la confianza de la víctima haciéndose pasar por una persona, empresa o servicio de confianza para manipularla y hacer que realice acciones que no debería realizar por ejemplo revelar contraseñas o hacer click en un enlace.

2.2.5. *Suplantación y robo de identidad*

Otra práctica frecuente para acosar a las mujeres en el espacio digital es el robo de identidad, que se refiere a que una persona consiga los datos personales de alguien para hacerse pasar por ella, puede ser a través de su propia cuenta, es decir, que puedan acceder a sus perfiles porque consiguen su contraseña, o que creen perfiles falsos con la información de la persona.

Las conductas que pueden realizarse son: creación de perfiles o cuentas falsas; usurpación del sitio, nombre o datos que refieran a la persona; hacerse pasar por una persona, incluso usando su propia cuenta para hacer comunicaciones; robo de identidad, dinero o propiedad.

2.2.6. *Monitoreo y acecho*

La vigilancia constante a las prácticas, la vida cotidiana de una persona o de información (ya sea pública o privada), independientemente de si la persona involucrada se da cuenta o no de la acción en su contra.

Para conseguir el objetivo de monitorear y acechar a las personas se pueden realizar diversas actividades, como la instalación de cámaras de vigilancia o escondidas, identificación de ubicación por medio de imágenes; geolocalización en los equipos/celulares o notificaciones; seguir; ciberstalkeo.

2.3. VIOLENCIAS CONTRA LA LIBERTAD DE EXPRESIÓN

La libertad de expresión es uno de los derechos fundamentales que más implicaciones puede tener en el contexto digital, pues, tanto el Internet en general y de las redes sociales en particular, se han construido tomando como fundamento la libertad de expresión.

La importancia de este derecho es tal, que, como dice Herrán "no hay área de la vida social moderna que no esté de alguna forma relacionada con la libertad de expresión, uno de los derechos fundamentales más íntimos y generales; y a la vez la enorme presencia del internet potencia a la libertad, en todos los sentidos, generando un área de acción y conflicto que, a primera vista, puede parecer indomable."[91]

La libertad de expresión se encuentra consagrada en el artículo 19 de la Declaración Universal de Derechos Humanos y el artículo 19 del Pacto

---

[91] Herrán, Alejandro, *op. cit.* p. 135.

Internacional de Derechos Civiles y Políticos, que reconoce "la libertad de buscar, recibir y difundir informaciones e ideas de toda índole, sin consideración de fronteras, ya sea oralmente, por escrito o en forma impresa o artística, o por cualquier otro procedimiento de su elección."

Los medios digitales, el Internet en general, y las redes sociales quedan comprendidas también en este artículo, es decir, las personas también podemos ejercer nuestro derecho a la libertad de expresión en estos espacios.

No obstante la importancia y trascendencia de la libertad de expresión, no puede invocarse para justificar términos u otras formas de expresión que constituyan incitación a la discriminación, la hostilidad o la violencia, o dicho de otra manera, no puede entenderse como un derecho absoluto, pero tampoco puede utilizarse como justificación para hacer expresiones que agredan, discriminen o violenten a otras personas, especialmente las mujeres.

El acceso a las TIC es parte del derecho a la libertad de expresión, y resulta necesario para el disfrute de otros derechos humanos fundamentales, como los derechos a participar en la adopción de decisiones políticas y a la no discriminación.

Las redes sociales representan, para las personas en general, pero para las mujeres en particular, un espacio en el que pueden expresar sus ideas de manera libre, muchas veces más que en el espacio tradicional, sin embargo, es cada vez más frecuente que también en estos medios reciban agresiones y en consecuencia se limite su derecho a la libertad de expresión.

Las mujeres que más sufren las agresiones en contra de su libertad de expresión son las periodistas, activistas y defensoras de derechos humanos.

> "Una investigación apoyada por UNESCO sobre la violencia digital contra mujeres periodistas en América Latina dio como resultados que el 75% vieron afectado su derecho a la libertad de expresión a partir de los ataques recibidos: dejaron de postear parcial o totalmente, cerraron sus cuentas temporal o definitivamente; dejaron de usar palabras que suponían que generarían agresiones, entre otras estrategias que fueron reduciendo sus voces."[92]

Las agresiones contra las mujeres en las redes sociales representan un ataque a su libertad de expresión en la medida en la que las mismas muje-

---

92 Chaher, Sandra y Cuellar, Lina, *Ser periodista en Twitter: violencia de género digital en América Latina*, Ciudad Autónoma de Buenos Argentina, Comunicación para la Igualdad Ediciones/ Sentiido/ UNESCO, 2020.

res dejan de publicar, cierran sus cuentas temporal o definitivamente, por miedo a las agresiones sufridas, como menciona Sandra Chaher:

> "Las agresiones que reciben las mujeres en internet en general, y en las redes sociales en particular, afectan su libertad de expresión y han hecho que en muchos casos tomen la decisión de retirarse total o parcialmente de estos espacios, o de limitar su participación, viéndose por esto no solo afectadas ellas sino dañando el debate público."[93]

Diversas mujeres periodistas se han manifestado en este sentido, por ejemplo, Catalina Ruiz Navarro que señala que "cada que una mujer tiene miedo de hablar en línea, nos están silenciando un poquito a todas"[94], o Sandra Chaher que menciona que "Ya no intervenimos de la misma manera que antes en espacios de discusión para promover una acción y/o exponer un punto de vista; sabemos que nuestras intervenciones probablemente tendrán un costo y muchas hemos empezado a medirlas para evitar ser agredidas."[95]

Además de estas limitaciones que las mismas mujeres se ponen a su libertad de expresión, por miedo a ser agredidas, también existen acciones específicas que buscan limitarles este derecho.

Estas afectaciones a canales de expresión se refieren a las tácticas o acciones deliberadas para tirar y dejar fuera de circulación canales de comunicación o expresión de una persona o un grupo, estas acciones pueden tener como objetivo silenciar completamente un perfil o movimiento en redes sociales. Esto se logra a través de denuncias organizadas y masivas de determinado perfil o página para que sea suspendida temporal o definitivamente por la propia red social, y con ello silenciar personas y grupos.

2.4. VIOLENCIAS CONTRA LA LIBERTAD SEXUAL

Este es uno de los apartados sobre los que más se ha escrito en cuanto a las violencias contra las mujeres, pues es una de las más frecuentes, y esto se debe a que "el abuso hacia las mujeres suele tener un origen sexista o misógino, y las amenazas de violencia que reciben las mujeres en Internet

93 Chaher, Sandra, *op cit*, p. 15.

94 Ruiz Navarro, Catalina, *op. cit.*, p. 256.

95 Chaher, Sandra, *¿Es posible debatir en medio de discurso de odio?: activismo feminista y grupos antiderechos en el cono Sur de América Latina*, Argentina, Comunicación para la Igualdad, 2021, p. 6.

con frecuencia son de índole sexual e incluyen referencias específicas a su cuerpo.[96]

La sexualidad es un aspecto central en la vida de las personas, el cual también ha sido impactado por el uso las redes sociales, pues se han convertido en nuevos espacios para ejercer nuestros derechos sexuales y reproductivos, pero también son espacios en donde estos pueden ser violentados.

La lista de derechos sexuales y reproductivos puede incluir diversos derechos, y no existe un criterio unánime de cuáles pueden ser considerados, dependerá de las y los autores u organizaciones que consultemos.[97]

Sin embargo, algunos de esta lista resultan especialmente relevantes en relación con las redes sociales, estos son: decidir de forma libre, autónoma e informada sobre nuestro cuerpo y nuestra sexualidad, ejercer y disfrutar plenamente nuestra sexualidad, a decidir libremente con quién o quiénes relacionarnos afectiva, erótica y socialmente, a que se respete nuestra privacidad e intimidad y a que se resguarde confidencialmente nuestra información personal.

Aunque hay conductas que pueden violentar específicamente uno de estos derechos, es una realidad que muchas de las conductas que a continuación se describen pueden afectar más de uno de estos derechos.

2.4.1. Pornografía no consensuada

Esta agresión generalmente es realizada por alguien cercano a la víctima, principalmente parejas o exparejas que obtuvieron contenido erótico de

---

[96] Amnistía Internacional, *#ToxicTwitter*, *op. cit.*, p. 24.

[97] En México, el Instituo Nacional de las Mujeres en la Cartilla de derechos sexuales de adolescentes y jóvenes señalan 14 derechos: 1. decidir de forma libre, autónoma e informada sobre nuestro cuerpo y nuestra sexualidad, 2. a ejercer y disfrutar plenamente nuestra sexualidad, 3. a manifestar públicamente nuestros afectos, 4. a decidir libremente con quién o quiénes relacionarnos afectiva, erótica y socialmente, 5. a que se respete nuestra privacidad e intimidad y a que se resguarde confidencialmente nuestra información personal, 6. a la vida, a la integridad física, psicológica y sexual, 7. a vivir libres de violencia, 8. a decidir de manera libre e informada sobre nuestra vida reproductiva, 9. derecho a la igualdad, 10. A la información actualizada, veraz, completa, científica y laica sobre sexualidad, 11. a la educación integral en sexualidad, 12. derecho a los servicios de salud sexual y reproductiva, 13. derecho a la identidad sexual, 14. a la participación en las políticas públicas sobre sexualidad y reproducción.

la víctima, ya sea porque ella se lo compartió a través de la práctica del *sexting*[98], o porque lo obtuvo sin la autorización de la víctima, por ejemplo, al grabarla, sin su consentimiento, cuando tenían relaciones sexuales.

A diferencia de la sextorsión (la cual se analizará más adelante), en este caso no solo se amenaza, sino que se divulga este contenido, con la intención de humillar, desacreditar o intimidar a la víctima.

Este contenido es comúnmente llamado "*pack*", que puede ser definido como un paquete de imágenes y/o videos con contenido sexual o erótico de una persona. Es una realidad que cada persona tiene derecho de compartir este tipo de contenido con quien desee, sin embargo, la agresión se presenta cuando la persona que recibe este "paquete" lo difunde sin el consentimiento de quien lo realizó.

Actualmente, con el uso de los teléfonos inteligentes, se ha popularizado esta práctica, incluso, existen páginas y perfiles en redes sociales dedicados a compartirlo; también se utilizan plataformas como Megaupload, Media Fire, entre otras, en las que, en algunos casos, se cobra por tener acceso a este contenido.

La pornografía no consensuada, es conocida también como "*revenge porn*" o en español "pornovenganza", sin embargo, este término, utilizado principalmente por los medios de comunicación, no es adecuado por diversas razones.

Para empezar, la motivación no siempre es la "venganza", pues los agresores pueden estar motivados por otras razones, aunado a que la venganza hace alusión a una acción que una persona realiza contra otra en respuesta a una mala acción percibida, poniendo el foco con esto en la víctima y justificando de alguna manera al agresor, que actúa en consecuencia de una mala acción realizada por la víctima.

Además, restringe la conducta de divulgar imágenes y/o videos con contenido sexual sin el consentimiento de la víctima, solamente a exparejas con motivaciones de venganza, cuando la realidad nos ha demostrado que, si bien es cierto, es muy frecuente que sean las parejas o exparejas quienes

---

98 Vale la pena aclarar, que el sexting no es una forma de violencia, sino una práctica común entre parejas que consisten en enviar imágenes o videos de tipo sexual por aplicaciones de mensajería instantánea (WhatsApp, Telegram y Messenger, principalmente). Esta práctica puede ser considerada una manifestación o expresión de la libertad sexual de las personas.

difundan este contenido, no es exclusivo, pues esta práctica es más amplia, pueden realizarla personas desconocidas para las víctimas y que no tienen ningún vínculo con estas, como hackers, oportunistas, traficantes, proxenetas, agresores sexuales y todo aquel que comparta estas imágenes sin importar la intención que hayan tenido para ello.[99]

Finalmente, el término pornovenganza "también es equívoco en el sentido que nos lleva a creer que sacarse fotos desnudo o permitir que alguien te saque fotos durante un acto sexual implicaría crear pornografía, pero generar imágenes sexualmente explícitas en la expectativa de un contexto de privacidad e intimidad no es equivalente a crear pornografía. Sin embargo, revelar una imagen privada —sexualmente explícita— a alguien distinto de a quién iba dirigida, puede ser descrito como pornografía, en el sentido que se transforma una imagen privada en entretenimiento sexual público."[100]

Esta conducta es la que más se ha popularizado como violencia digital, especialmente en México, y gracias al activismo de Olimpia Coral y el Frente Nacional por la Sororidad se ha logrado tipificar esta conducta en 21 estados de la República Mexicana, en el Código Penal Federal y en la Ley General de Acceso de las Mujeres a una Vida Libre de Violencia. Las penas por este delito van desde el pago de multas, hasta prisión de 8 años.

2.4.2. Sextorsión

La sextorsión consiste en amenazar o chantajear a la víctima con publicar contenido sexual, ya sean imágenes o videos, que por alguna razón el agresor posee, a cambio de no publicar este contenido, el agresor puede pedir dinero, contenido íntimo (fotos o videos), o realizar actos sexuales en contra de la voluntad de la víctima.

En algunos estados, por medio de la Ley Olimpia, se sanciona específicamente la sextorsión, es decir, la amenaza o el chantaje de difundir material íntimo. Por ejemplo, en la Ciudad de México se pena esta conducta tanto si consiste en una amenaza o si consiste en una extorsión; en Aguas-

---

99 Franks, M. A., "Drafting an effective Revenge Porn Law: A guide for legislators", *Palgrave Communications*, Vol. 2, 2016, p. 2.

100 Acevedo Castillo, Natalia, et al, "Violencia sexual y acoso en la web: evidenciando la falta de tutela judicial efectiva", *Revista entorno*, enero-junio 2020, número 69, pp. 81-89, impreso ISSN 2071-8748 • electrónico ISSN 2218-3345, p. 85.

calientes esta conducta se castiga con hasta 4 años de prisión; en el estado de Yucatán con penas de multa o de hasta 4 años de reclusión.

2.4.3. Grooming

Un término que se ha vuelto común cuando se habla de violencia digital es el *grooming*, y esto se debe a que, desafortunadamente, es una conducta que va en aumento. Se presenta cuando una persona adulta contacta menores de edad con el fin de obtener su confianza y posteriormente tener acceso a ellos para explotación o abuso sexual.

El *grooming* también puede ser definido como "el proceso por el cual un adulto, aprovechando los medios que le ofrecen las TIC, entra en la dinámica de persuadir y victimizar sexualmente a un menor, tanto de manera física, como a través Internet mediante interacciones *online* y/o la obtención de material sexual del menor."[101]

Las características de las redes sociales, como la facilidad de crear cuentas con datos falsos y la posibiliad de conectarnos con personas de cualquier parte del mundo, han permitido que el *grooming* crezca en estos espacios.

2.4.4. Trata virtual

Una definición general de trata es la que proporciona el Protocolo para prevenir, reprimir y sancionar la trata de personas:

> "se entenderá la captación, el transporte, el traslado, la acogida o la recepción de personas, recurriendo a la amenaza o al uso de la fuerza u otras formas de coacción, al rapto, al fraude, al engaño, al abuso de poder o de una situación de vulnerabilidad o a la concesión o recepción de pagos o beneficios para obtener el consentimiento de una persona que tenga autoridad sobre otra, con fines de explotación. Esa explotación incluirá, como mínimo, la explotación de la prostitución ajena u otras formas de explotación sexual, los trabajos o servicios forzados, la esclavitud o las prácticas análogas a la esclavitud, la servidumbre o la extracción de órganos."[102]

---

101 De Santiesteban Patricia y Manuel Gámez-Guadix, "Online Grooming y Explotación Sexual de Menores a Través de Internet", *Revista de victimología* | Journal Of Victimology Online ISSN 2385-779X, p. 83.

102 Artículo 3, *Protocolo para prevenir, reprimir y sancionar la trata de personas, especialmente mujeres y niños*, que complementa la Convención de las Naciones Unidas contra la Delincuencia Organizada Transnacional.

Aunque, como se desprende de la definición de trata, esta puede abarcar diversas conductas, cuando se refiere a las mujeres, la que es especialmente relevante es la trata con fines de explotación sexual, y las tecnologías de la información y la comunicación, y particularmente las redes sociales, son una herramienta útil para su realización.

Las actividades relacionadas con la trata que se realizan en las redes sociales son de reclutamiento, promoción y comunicación entre tratantes, y de tratantes con las víctimas.

El reclutamiento es básicamente utilizar los medios digitales, principalmente las redes sociales, para atraer o enganchar a víctimas potenciales para explotación sexual o cualquier situación violenta.

Las principales víctimas de esta práctica son las niñas, niños y adolescentes, pues los agresores se aprovechan de su condición de edad y de género o de los ideales que se tienen de "amor romántico". Es importante aclarar que no solamente las redes de trata con fines sexuales recurren a esta práctica, sino que también las organizaciones terroristas y el crimen organizado han utilizado este medio. Para llegar a mujeres adultas, una de las formas más utilizadas para hacer este reclutamiento es a través de anuncios de ofertas laborales como niñeras, camareras o bailarinas.

Nuevamente, son las propias características de las redes sociales las que permiten que estas conductas sigan creciendo en estos medios, como señala Kathleen Maltzahn:

> "Las nuevas tecnologías de la información les permiten a los predadores sexuales afectar o explotar a mujeres, niñas y niños de manera eficiente y anónima. El bajo costo y fácil acceso que presentan las tecnologías para la comunicación global permiten que los usuarios lleven adelante esta clase de actividades en la privacidad de sus hogares. El incremento en las clases y formatos de medios y aplicaciones hace que se diversifiquen las formas mediante las cuales los predadores sexuales pueden llegar a sus víctimas."[103]

En relación con la promoción, proxenetas y tratantes usan las redes sociales para publicitar a las mujeres, niñas y niños que tienen disponibles para ser utilizadas/os en la creación de pornografía. También las utilizan para hacer publicidad de los lugares en donde se encuentran las víctimas y servicios de acompañantes llegando en forma directa a los clientes. Estos sitios pueden incluir fotografías de las mujeres, a veces desnudas.

---

[103] Maltzahn Kathleen, "Peligros Digitales: Las Tecnologías Información y Comunicación y la Trata de Mujeres", *En la mira*, Núm. 6 junio 2005, p. 4.

Esta práctica expone a las mujeres, identificándolas ante el público como trabajadoras sexuales. Muchas de las fotografías tienen la apariencia de las que se usan en el modelaje, y tal vez las mujeres que aparecen en ellas nunca hayan tenido la intención de que esas fotografías se utilizaran para hacerles publicidad como trabajadoras sexuales. Algunas de las mujeres tal vez ni siquiera sepan que sus fotografías están en sitios de Internet.

Un aspecto importante a reflexionar sobre la trata virtual, es que, como se ha desarrollado brevemente, esta puede implicar el traslado, la acogida o la recepción de personas, como señala la propia definición, y en este caso las redes sociales sirven como el canal o herramienta utilizada para lograr esas conductas; sin embargo, la trata virtual también puede incluir el tráfico de las imágenes o videos de las personas, es decir, se generan ganancias a través de este material.

Tan solo en Chiapas, una investigación realizada por el Frente Nacional por la Sororidad[104], reveló que tan solo de diciembre de 2018 a febrero de 2019 se han detectado 122 Mercados de Explotación Sexual Digital, sobre todo en plataformas como: PornHub.com, ServiPorno.com, XNXVideos.com.

Los Mercados de Explotación Sexual Digital son plataformas que operan de manera digital en Internet, estos compilan información no autorizada principalmente de mujeres y niñas para ser expuestas en páginas, blogs, redes sociales, nubes de almacenamiento como Dropbox, Mega, MediaFire, con el fin de exponer sin consentimiento contenido principalmente sexual no autorizado. Estos espacios sirven para viralizar, promocionar y publicar los contenidos íntimos.[105]

Entonces, es importante abordar la trata virtual desde ambas formas analizadas, porque "las imágenes y los videos de explotación sexual que se encuentran en Internet tienen tanta base en la realidad como la tienen en el ciberespacio."[106]

---

104 Frente Nacional por la Sororidad, *Ficha Informativa sobre violencia digital en Chiapas*, 2019.

105 En Facebook existen páginas dedicadas a compartir y comercializar contenido íntimo, alguna de estas son Packs de Chiapas, Putas Chiapas, Etnoporno, "Indias calientes", "Indias en el monte", "Chamula XXX", entre otras.

106 Maltzahn Kathleen, *op. cit.* p. 8.

2.5. VIOLENCIAS CONTRA LA NO DISCRIMINACIÓN

Se puede empezar señalando tal y como lo indica la antropóloga Marta Lamas que "para hablar de discriminación hay que reconocer, primero que nada, que discriminamos sin darnos cuenta. La discriminación es una conducta que está sumamente arraigada en nuestras vidas."[107] Esta conducta está tan presente en nuestra vida cotidiana, que se manifiesta tanto en nuestra vida "real", como en nuestra vida "virtual".

La discriminación es entendida como:

> "toda distinción, exclusión, restricción o preferencia que, por acción u omisión, con intención o sin ella, no sea objetiva, racional ni proporcional y tenga por objeto o resultado obstaculizar, restringir, impedir, menoscabar o anular el reconocimiento, goce o ejercicio de los derechos humanos y libertades, cuando se base en uno o más de los siguientes motivos: el origen étnico o nacional, el color de piel, la cultura, el sexo, el género, la edad, las discapacidades, la condición social, económica, de salud o jurídica, la religión, la apariencia física, las características genéticas, la situación migratoria, el embarazo, la lengua, las opiniones, las preferencias sexuales, la identidad o filiación política, el estado civil, la situación familiar, las responsabilidades familiares, el idioma, los antecedentes penales o cualquier otro motivo."[108]

Esta definición presenta una lista de categorías por las cuales está prohibido hacer distinciones, y aunque parece larga, presenta las condiciones por las que más frecuentemente se discrimina en nuestro país, y como se aprecia, el género es una de ellas, por ello, resulta muy importante analizar la discriminación que las mujeres sufren en las redes sociales.

Resulta interesante reflexionar sobre ¿Cuándo se construyen los resortes discriminatorios? Cuando a partir de una diferencia racial, religiosa, sexual, etc., se edifica un "nosotros" que no sólo se diferencia de los "otros", sino que pregona la superioridad de unos sobre aquellos.[109]

Como dice Catalina Ruiz Navarro:

> "Se trata de que logremos reconocer el impacto de nuestras palabras, de que seamos capaces de evaluar el daño que pueden hacer (¿qué vulnerabilidades interseccionales tiene la persona que insultamos?, ¿tiene más o menos poder que nosotros?), y de reconocer estos golpes debajo del cinturón (directo a los genitales) en la mayoría de las discusiones. Discutir sí, con sexismo no. Dis-

---

107 Fierro, Julieta, *Miradas a la Discriminación*, Consejo Nacional… p. 162.

108 Artículo 1°, Fracción III de la *Ley Federal Para Prevenir y Eliminar la Discriminación.*

109 Fierro, Julieta, Miradas a la discriminación, México, Consejo Nacional para Prevenir la Discriminación, 2012, p. 32.

> cutir sin olvidar que nuestras ideas no existen en el vacío, que somos personas con cuerpo y vidas que han sido determinantes para tener esas ideas, y que el mundo virtual es tan real como cualquiera de nuestras realidades"[110]

Esta conducta puede ser manifestada de muchas maneras, en las redes sociales muy frecuentemente se hace a través de expresiones discriminatorias y del discurso de odio.

2.5.1. Expresiones discriminatorias

Se trata de un tipo de discurso que refleja patrones culturales que asignan un rol secundario o únicamente reproductivo (y/o sexual/sexualizado) a las mujeres, y a otros cuerpos. Pueden o no incitar a la violencia. Es una forma de violencia simbólica basada en las ideas preconcebidas tradicionales de género.

Estas expresiones pueden ser manifestadas a través de comentarios abusivos; discurso lesbo/homofóbico; insultos electrónicos; coberturas discriminatorias de medios de comunicación.

2.5.2. Discurso de odio

Escribir sobre discurso de odio resulta complejo, pues es un tema que está íntimamente relacionado con la libertad de expresión y la dignidad humana y la protección de los derechos de ciertos colectivos, que se encuentran en especial situación de vulnerabilidad, por ello, determinar con precisión, cuáles expresiones deben ser permitidas y cuáles deben ser excluidas de la libertad de expresión por razones de odio es un desafío permanente.

La Organización de Naciones Unidas define al discurso de odio *(hate speech)* como "cualquier tipo de discurso, escrito o conductual, que ataca o usa lenguaje peyorativo o discriminatorio hacia una persona o grupo sobre la base de lo que son, en otras palabras, de su religión, etnia, nacionalidad, raza, color, descendencia u otro factor de identidad".

Para la Organización de Estados Americanos es concebido como: "Las expresiones de odio o el discurso destinado a intimidar, oprimir o incitar al odio o la violencia contra una persona o grupo en base a su raza, religión,

---

110 Ruiz Navarro, Catalina, *op cit*, p. 256.

nacionalidad, género, orientación sexual, discapacidad u otra característica grupal."[111]

Un aspecto que caracteriza al discurso de odio es que la víctima es integrante de un grupo o colectivo que históricamente ha sido discriminado, que pertenece a alguna de las categorías enlistadas en la definición que se presentó en líneas anteriores, así, el efecto del daño provocado no es solo a la persona que lo sufre, sino también a todo el grupo al que pertenece. En este sentido, uno de los grupos que más ataques sufre en las redes sociales es el de las mujeres.

Existen diversas posturas en cuanto a la conceptualización y alcance del discurso de odio, que por supuesto requieren mayor profundidad y que exceden el propósito de este apartado, pero en términos generales se pueden señalar dos posturas principales; las cuales evidentemente no se pueden presentar como opuestas, y no son homogéneas, pero para efectos de simplificar su comprensión se encuentran: la que plantean los Tribunales y la doctrina Estadounidense, y la que establece el Tribunal Europeo de Derechos Humanos.

Rafael Alcácer Guirao plantea las diferentes posturas al señalar que "si hubiera que establecer de modo sintético las diferencias entre ambos modelos, podría afirmarse que para el norteamericano la piedra basal del sistema es la libertad de expresión, mientras que para el europeo lo es la dignidad de la persona."[112]

Como es obvio, cada modelo atiende a razones culturales e históricas particulares, y la postura que se tome influirá en la aceptación o rechazo de determinadas expresiones como discurso de odio.

Si bien es cierto, la libertad de expresión es un derecho fundamental en cualquier sociedad democrática, personalmente, considero que es necesario establecer límites, aunque sean mínimos, a las expresiones que están permitidas, pues el discurso es poderoso y puede incitar a la violencia, afectando la dignidad de las personas, la cual debe estar por encima de cualquier manifestación o expresión.

---

[111] OEA, *Informe Anual*, 2004.

[112] Rafael Alcácer Guirao, "Víctimas y disidentes. El «discurso del odio» en EE.UU. y Europa", *Revista Española de Derecho Constitucional*, ISSN: 0211-5743, núm. 103, enero-abril, 2015, págs. 45-86, p. 51.

Independientemente del modelo que se utilice, es una realidad que cuando nos encontramos frente a un discurso de odio hay consecuencias, estas pueden ser civiles, administrativas, económicas, penales, entre otras.

Aunque es difícil determinar claramente cuándo estamos frente a un discurso que puede ser considerado de odio, existen algunos instrumentos que nos sirven como referencia, tal es el caso de la prueba del Umbral de Rabat.[113] Este instrumento señala que para que una declaración sea considerada como un delito se deben cumplir con cada una de estas partes:

1. **El contexto:** El contexto es de gran importancia al valorar la probabilidad de que determinadas declaraciones inciten a la discriminación, hostilidad o violencia contra el colectivo objetivo, y podría tener una relación directa con la intención y/o la causalidad. El análisis del contexto debería ubicar al discurso dentro del contexto social y político predominante en el momento en el que este fue hecho y difundido;
2. **El/la oradora:** La posición o estatus social de la o el orador debería ser tomada en cuenta, especialmente la reputación del individuo u organización en el contexto de la audiencia a la que se dirige el discurso;
3. **La intención:** El artículo 20 del Pacto Internacional de Derechos Civiles y Políticos (ICCPR por sus siglas en inglés) prevé la intención. La negligencia y la imprudencia no son suficientes para que un acto constituya delito según el artículo 20 del ICCPR, ya que este incluye disposiciones sobre la "apología" e "incitación" en lugar de la sola distribución o circulación de material. En este aspecto, requiere de la activación de una relación triangular entre el objeto del discurso, el sujeto del discurso y la audiencia;
4. **El contenido y la forma:** El contenido del discurso constituye uno de los enfoques principales en las decisiones del tribunal y es un elemento esencial de la incitación. El análisis del contenido puede incluir el grado en el cual el discurso fue provocador y directo, así como la forma, estilo y naturaleza de los argumentos empleados en el discurso o el equilibrio entre los argumentos empleados;

113 Puede consultarse en https://www.ohchr.org/Documents/Issues/Opinion/Articles19-20/ThresholdTestTranslations/Rabat_threshold_test_Spanish.pdf (fecha de última consulta 02 de agosto de 2021).

5. **La extensión del discurso:** La extensión incluye elementos tales como el alcance del discurso, su naturaleza pública, su magnitud y el tamaño de su audiencia. Otros elementos a considerar incluyen si el discurso es público, los medios de difusión empleados, por ejemplo, por un único folleto o transmisión en los medios convencionales o a través de Internet, la frecuencia, la cantidad y la extensión de las comunicaciones, si los destinatarios tenían los medios para responder a la incitación, si la declaración (u obra) es distribuida en un entorno restringido o es fácilmente accesible al público en general; y
6. **La probabilidad**, incluyendo la inminencia: La incitación, por definición, es un delito incipiente. La acción promovida a través de discursos de incitación no tiene que ser llevada a cabo para que dicho discurso sea un delito. Sin embargo, algún grado de riesgo de daños debe ser identificado. Esto quiere decir que los tribunales tendrán que determinar si existía una probabilidad razonable de que el discurso lograra incitar una acción real contra el colectivo objetivo, reconociendo que dicha causación debe ser bastante directa.

Existe un consenso en los organismos de derechos humanos acerca del impacto de los discursos de odio sobre las formas tangibles de la violencia. Se trata de discursos que "profundizan la desigualdad, lo cual a la larga obviamente impacta en los niveles de violencia."[114]

El discurso del odio es considerado como violatorio de los derechos humanos, no importa si se produce *online* o a través de manifestaciones en escenarios tradicionales *(offline)*. Pero es necesario resaltar que la tecnología, o el uso de las redes sociales no ocasiona esta actitud de discriminación e intolerancia, no obstante, en ellas se propagan con mayor rapidez y pueden multiplicar el daño causado, pues el efecto viral de los mensajes en las redes puede hacer que los sentimientos sexistas, misóginos y machistas alcancen a un mayor número de personas.

Vale la pena mencionar que aunque el discurso de odio "no está restringido a internet ni tiene sus orígenes allí, el consenso general es que la expansión de esta tecnología, así como la posibilidad que ofrece de diseminar mensajes a muy bajo costo, han sido factores determinantes para que ciertos grupos, anteriormente fragmentados y con menor in-

---

[114] Abramovich, 2015.

fluencia, pudieran conectarse unos con otros y generar un sentido de comunidad."[115]

Otro aspecto importante a considerar es que en los espacios virtuales, el discurso de odio puede incluir tanto expresiones orales y escritas, como imágenes, videos o actividades en medios *offline* y *online.*[116]

Las redes sociales presentan desafíos particulares en cuanto al discurso de odio, pues el anonimato que permite a las y los usuarios y la capacidad multiplicadora de estos medios hacen difícil su regulación, eliminación de los contenidos y sanción de responsables, sin embargo, "aunque tenga las especificidades propias de esos espacios de comunicación, no es más que una exteriorización pública de un problema subyacente en la sociedad en general, independientemente del escenario en el que se manifieste."[117]

Elegir un ejemplo de discurso de odio en redes sociales es realmente complicado, pues de lo analizado en este apartado se puede afirmar que no cualquier expresión que pudiera parecer ofensiva o violenta en contra de un grupo que históricamente se encuentra en una situación de vulnerabilidad puede ser considerado así, pero para los efectos de esta obra, considero adecuado ejemplificar este tipo de violencia con los resultados que se pueden encontrar al poner en el buscador de alguna de las redes sociales más utilizadas el *hashtag* #FemiNazi.

Tan solo en Facebook, al realizar esta búsqueda señala que 5,9 mil personas están hablando de eso; en Instagram, con el mismo *hashtag* se encuentran 262K publicaciones, y muchas más para *hashtags* similares como #Feminazis #Feminazimemes #stopfeminazis o #fuckfeminazis; en Twitter, además de cientos de publicaciones usando el *hashtag* se pueden encontrar cuentas como @AntiHembristas (Feminazis everywhere), @ChauFeminazis (NoMoreFeminazis), entre otras.

Asegurar que todas las publicaciones con este *hashtag* constituyen discurso de odio sería arriesgado, y muy probablemente equivocado, pero es

---

115 Díaz Hernández, Marianne, *Discurso de odio en América Latina. Tendencias de regulación, rol de los intermediarios y riesgos para la libertad de expresión*, Derechos Digitales en América latina, 2020, p. 6.

116 Campos, Mario, *et al*, *Mensajes de odio y discriminación en las redes sociales*, Consejo Nacional para Prevenir la Discriminación, México 2015.

117 Cabo Isasi, Alex y García Juanatey, Ana, *El discurso de odio en las redes sociales: un estado de la cuestión*, Área de Derechos de Ciudadanía, Cultura, España, Participación y Transparencia, 2017, p. 8.

necesario poner atención en los discursos que se permiten y se difunden en estas redes sociales, especialmente cuando las mujeres vivimos en un contexto de violencia estructural, pues el lenguaje que se utiliza es sumamente ofensivo y dañino, además, hace referencia a estereotipos de género e incita a la violencia contra ellas, en algunas publicaciones de manera implícita y en otras de forma explícita.

2.5.2.1. *Slut-shaming*

Dentro de las violencias que afectan el derecho a la no discriminación, podemos encontrar el *slut-shaming*, como su traducción del inglés indica, se trata de avergonzar o hacer sentir mal a una persona por vivir su sexualidad. Con este ataque se busca justificar la violencia sexual principalmente y en general cualquier tipo de violencia.

Esta forma de violencia tiene una relación muy estrecha con el género, pues la forma en la que hombres y mujeres expresan su sexualidad es diferente, mientras que socialmente es aceptado que los hombres tengan muchas parejas sexuales y que incluso, presuman de ello, a las mujeres se les juzga por ejercer su sexualidad libremente.

Señalar a una mujer como "fácil", "zorra", "perra" o "puta", puede tener efectos individuales y colectivos, pues no solo se busca ofender o callar a la mujer a la que se está insultando, sino que se busca recordar a las mujeres el rol que deben cumplir en sus relaciones en el ámbito sexual como en el general.

2.5.2.2. *Fat shaming*

El *fat shaming* es parecido al *slut-shaming*, solo que en este caso las agresiones y descalificaciones hacia las personas son por aspecto físico, específicamente por su peso; nuevamente el efecto en las mujeres es mayor a causa de los estereotipos que se tienen en torno al modelo de belleza femenino.

2.5.2.3. *Flaming*

Otra forma de acosar a las mujeres es el *flaming* (flamear) que se trata de escribir o decir mensajes hostiles o insultantes con el claro objetivo de mostrar superioridad. Esta conducta es frecuente en comunidades en línea, redes sociales y plataformas de videojuegos; con esta práctica se busca que determinadas personas o grupos de personas abandonen estos espacios.

2.5.3. *Acoso*

El acoso de género *online*, es quizá, la forma más conocida de violencia digital, también es llamada ciberacoso o *cyberbulling* y puede definirse como "un tipo de hostigamiento en línea que se basa en el uso de adjetivos ofensivos asociados a la condición de género o a lo femenino. Este tipo de violencia fomenta la producción de insultos, estereotipos, prejuicios y, a menudo, contenidos gráficos y audiovisuales para comunicar hostilidad hacia las niñas y las mujeres por el hecho de ser mujeres."[118]

En las redes sociales podemos encontrar una gran cantidad de ejemplos de este tipo de violencia, uno de ellos es el que vivió Atenas Zaldívar, cuando en una transmisión en vivo en Facebook presentaba una clase de baile para adolescentes de 15 años. Algunos de los y las usuarias que estaban viendo la transmisión le escribieron comentarios sumamente sexistas y ofensivos. Después del video, Atenas realizó un video que transmitió por su cuenta de IG en la que manifestaba lo sucedido y cómo se sentía ante esta situación. En el video se puede observar claramente como una situación que se presenta en una red social, puede tener efectos en la vida real de la víctima.[119]

Estas conductas son de carácter reiterado y no solicitado hacia una persona, que pueden resultar molestas, perturbadoras o intimidantes. Estas conductas pueden ser sexualizadas o no.

Algunas otras formas de realizar el ciberacoso pueden ser el acecho, oleadas de insultos en grupo, recibir mensajes de desconocidos y el envío de fotos sexuales no solicitadas.

2.6. VIOLENCIAS CONTRA LA SEGURIDAD

A lo largo de este capítulo se ha manifestado cómo las violencias que se ejercen contra las mujeres en las redes sociales tienen impactos reales aunque no se realicen conductas fuera de ellas, sin embargo, también hay otras violencias que suceden en las redes, pero que buscan realizar una acción en la vida real de las mujeres. Cuando estas conductas se presentan, ponen en riesgo la seguridad de las personas, especialmente de las mujeres.

---

118 Cabo Isasi, Alex y Ana García Juanatey, *op.cit.*, p. 66.

119 En los siguientes enlaces se puede seguir este caso:
https://www.youtube.com/watch?v=xg-U2Emee48
https://www.instagram.com/tv/CCXI-29FN8Q/?igshid=28vkzzcpx03q

2.6.1. Amenazas

Esta forma de violencia se presenta cuando se emite una expresión con la que se manifiesta la intención de hacer daño o de poner en peligro a otra persona, bienes o seres queridos. En las redes sociales, estas expresiones o contenido pueden ser de manera verbal, por escrito o en imágenes o videos, y se realizan en tono violento, lascivo o agresivo.

Existen muchos ejemplos de este tipo de violencia, uno de ellos es el que la comediante y política británica manifestó para una investigación de Amnistía Internacional, en la que señaló:

> *"...Después del debate, él siguió haciendo comentarios ofensivos hacía mí en Twitter. La violencia tomó una dimensión completamente inusitada. Dos días después, tenía 165 páginas de mensajes ofensivos en Twitter. Se salió totalmente de control. Hasta me llegaron cuatro o cinco amenazas de muerte, amenazas de violación y cosas por el estilo".*[120]

Como se señaló al principio, estas amenazas pueden realizarse a la persona o a sus seres queridos, como lo manifiesta la periodista británica Allison Morris: "Por algunas de las cosas que se han publicado en Twitter sobre mí, hay personas que me han llegado a decir que saben dónde vivo, otros me han dicho que me esperarán fuera de mi trabajo, e incluso me han amenazado no solo a mí, sino que surgieron cosas que, evidentemente, son amenazas contra mi familia."[121]

No se puede minimizar el daño que estas amenazas pueden causar, pues en realidad producen en las víctimas el miedo real de ser agredidas, violadas o asesinadas, como expresa Pamela Merrit:

> *"Después de haber convivido durante cinco años con acosos en línea y agresiones fuera de Internet, prácticamente he aceptado el hecho de que estoy dispuesta a dar mi vida por lo que hago. Y eso podría suceder. Si recibes 200 amenazas de muerte, solo se necesita que una de esas personas realmente quiera hacerlo realidad".*[122]

Las amenazas que las mujeres sufren en redes sociales tienen una característica que las distingue de las recibidas en cualquier otro medio, pues en las redes sociales no se puede descifrar que tan reales o ciertas pueden ser, así lo explica la periodista y escritora estadounidense Jessica Valenti:

---

120 Amnistía Internacional, *#ToxicTwitter, op.cit.*, p. 27.

121 *Idem.*

122 *Idem*, p. 28.

"En la vida real, puedes descifrar qué es una amenaza real y qué no.

¿Debería cruzar la calle o debería mandar a esa persona a la mi*rda? Puedes tomar decisiones informadas en ese momento. No puedes hacer lo mismo en línea, porque no sabes quién es esa persona ni dónde está. ¿Es una amenaza real o tiene 12 años? No tienes idea".[123]

Las mujeres que han recibido amenazas de violencia en las redes sociales, han tomado medidas para proteger su seguridad, que van desde la instalación de cámaras y sistemas de seguridad en sus casas, contratación de personal de seguridad para ellas y sus familias, e incluso, por ejemplo "una mujer admitió que le había cambiado el apellido a su hijo en la escuela para que nadie pudiera deducir su relación con ella, ni convertirlo en blanco de abusos."[124]

2.6.2. *Inducir a prácticas dañinas*

Finalmente, en este grupo se encuentra el inducir a prácticas dañinas; este ataque consiste, como se deriva de su nombre, en hacer que las personas, a través de cierto contenido producido para tal fin, afecten su integridad física, emocional y psicológica. El mejor ejemplo de este ataque es el juego que se hizo famoso en redes sociales denominado "la ballena azul"[125], que se trataba de una serie de retos diarios durante 50 días que terminan en el suicidio.

Como se puede apreciar a través de lo estudiado en este capítulo, las formas en las que las mujeres pueden ser violentadas en redes sociales pueden ser muy diversas, estas violencias se pueden presentar aisladas, es decir, sufrir solo una de las aquí descritas, pero también pueden presentarse en conjunto, produciendo con ello mayores afectaciones a la vida de las víctimas, por esta razón era necesario conocer, por lo menos de manera general, todas estas manifestaciones.

Además, de lo que se ha presentado en este apartado, se pude advertir que cualquier mujer puede experimentar estas agresiones, sin embargo, por las actividades que realizan y por los perfiles públicos que manejan, considerando el número de seguidores, hay mujeres que están más expues-

---

123 *Idem.*

124 *Idem.*

125 Ceballos-Espinoza, Francisco, *Suicidio adolescente y Otredad: La ballena azul dentro del aula,* VI Congreso Internacional de Psicología y Educación, Psychology Investigation, Lima, 2017.

tas a estas violencias, y son aquellas que tienen actividades públicas y políticas, como candidatas a cargos de elección popular, funcionarias públicas, periodistas, activistas y defensoras de derechos humanos.

Existe una categoría más de estas violencias, que, por la relevancia en el tema de estudio, será analizada en un capítulo aparte, me refiero a las violencias contra los derechos político-electorales.

Capítulo 3

Violencias contra las mujeres en el ejercicio de sus derechos político-electorales

3.1. CONCEPTUALIZACIÓN DE LA VIOLENCIA POLÍTICA POR RAZÓN DE GÉNERO

El uso de las tecnologías y las redes sociales ha cambiado todo nuestro estilo de vida, y el ámbito de toma de decisiones y la participación política no es la excepción, para el ejercicio de nuestros derechos relacionados en este rubro se han creado nuevos espacios, nuevos conceptos, nuevas formas de manifestar nuestras opiniones políticas.

Lo anterior resulta evidente, pues, "la democracia no es un fenómeno estático y universal; su carácter específico varía en función de diversas variables circunstancias. Su vitalidad, funcionalidad y supervivencia no pueden darse por sentadas. Se trata de un proyecto histórico, atravesado por las disputas entre aquellas fuerzas que, de distintas maneras, lo restringen y aquellas que tratan de ampliarlo, sobre todo fortaleciendo la participación"[126]

En este sentido, la participación política de las mujeres también ha ido modificándose a partir del uso de las redes sociales las cuales se han presentado como una buena herramienta; se utilizan cada vez más para promover la imagen de las candidatas, para dar a conocer sus propuestas, para dar publicidad a las acciones realizadas como candidatas o funcionarias, entre otras.

La utilidad que las redes han tenido es evidente, sin embargo, también son medios en donde se pueden vulnerar los derechos de las mujeres usuarias, generando violencia política por razones de género.

---

[126] Dahlgren, Peter, "Mejorar la participación: la democracia y el cambiante entorno de la web" en Champeau, Serge y Daniel Innerarity (comps.), *Internet y el futuro de la democracia*, Barcelona, Paidós, Serie Estado y Sociedad, 2012.

Aunque la violencia política no es una modalidad nueva, pues se ha presentado desde que las mujeres empezaron a ejercer sus derechos políticos, su estudio ha tomado un auge en las últimas décadas, en las que la participación de las mujeres se ha incrementado. No obstante, a medida que aumenta la incursión de las mujeres en la política, aumenta también el riesgo de que sean víctimas de distintas formas de violencia, pues su presencia desafía el *status quo* y obliga a la redistribución del poder.[127]

La importancia del estudio y atención de la violencia política contra las mujeres por razones de género radica en la necesidad de contar con una democracia que realmente incluya a todas las personas, y si se considera que "el tipo de democracia que rige al Estado es directamente proporcional al de la participación política que se desarrolla en él"[128], se puede afirmar que la democracia en México ha sido deficiente, porque se ha violentado la participación de la mitad de la población, pues aunque, afirmar que todas las mujeres que participan en política han sido violentadas sería arriesgado, se puede entender a las mujeres como un colectivo que ha sufrido esta violencia.

Además de lo anterior, es importante considerar los beneficios que la participación política puede aportar a la democracia, y en ese sentido, de acuerdo con el *National Democratic Institute* "existe un cuerpo cada vez más creciente de evidencia que demuestra que la participación de las mujeres en la política genera verdaderas ganancias para la democracia y para la sociedad en general, incluyendo una mayor agilidad en responder a las necesidades de los ciudadanos, una mayor cooperación en todas las líneas partidarias y étnicas, y una paz mucho más sustentable."[129]

Es por ello que resulta fundamental combatir la violencia política contra las mujeres, para que su participación sea cada vez mayor y en mejores condiciones.

No obstante, este estudio no resulta sencillo, pues es un tema que puede abordar diversas aristas, desde las cuestiones meramente legales, hasta

---

127 ONU Mujeres, *Violencia contra las mujeres en el ejercicio de sus derechos políticos*, México, PNUD, TEPJF y ONU Mujeres , 2012.

128 Ramírez, Hernández, Gloria, *Los derechos político-electorales de las mujeres en México ante la CEDAW*, México, Tribunal Electoral del Poder Judicial de la Federación, 2020, p.16.

129 Instituto Nacional Demócrata, #NotTheCost, p. 23.

implicaciones personales y sociales de las personas que sufren este tipo de violencia.

La conceptualización de esta violencia puede ser variada, aunque el término más utilizado en México es "violencia política contra las mujeres en razón de género", en otros contextos también se utiliza el término "violencia contra mujeres en la vida política"[130], o "violencia y acoso político hacia las mujeres"[131].

Para este documento, el término que se considera más adecuado es "violencia política contra las mujeres por razones de género", en adelante VPMRG.

En cuanto a la definición legal, de acuerdo con la Ley Modelo Interamericana para Prevenir, Sancionar y Erradicar la Violencia contra las Mujeres en la Vida Política[132] es: "cualquier acción, conducta u omisión, realizada de forma directa o a través de terceros que, basada en su género, cause daño o sufrimiento a una o a varias mujeres, y que tenga por objeto o por resultado menoscabar o anular el reconocimiento, goce o ejercicio de sus derechos políticos."

En nuestro país, el desarrollo de este concepto fue principalmente en el ámbito jurisdiccional, en ese sentido, la Jurisprudencia 48/2016 del Tribu-

---

130 Por ejemplo, la Ley Modelo interamericana para prevenir, sancionar y erradicar la violencia contra las mujeres en la vida política.

131 La Ley 243 de 2012 de Bolivia, la primera Ley específica en la materia, usa de estos dos términos, de acuerdo con su artículo 7, "se entiende por acoso político al acto o conjunto de actos de presión, persecución, hostigamiento o amenazas, cometidos por una persona o grupo de personas, directamente o a través de terceros, en contra de mujeres candidatas, electas, designadas o en ejercicio de la función político-pública o en contra de sus familias, con el propósito de acortar, suspender, impedir o restringir las funciones inherentes a su cargo, para inducirla u obligarla a que realice, en contra de su voluntad, una acción o incurra en una omisión, en el cumplimiento de sus funciones o en el ejercicio de sus derechos." Por violencia política "Se entiende por violencia política a las acciones, conductas y/o agresiones físicas, psicológicas, sexuales cometidas por una persona o grupo de personas, directamente o a través de terceros, en contra de las mujeres candidatas, electas, designadas o en ejercicio de la función político-pública, o en contra de su familia, para acortar, suspender, impedir o restringir el ejercicio de su cargo o para inducirla u obligarla a que realice, en contra de su voluntad, una acción o incurra en una omisión, en el cumplimiento de sus funciones o en el ejercicio de sus derechos."

132 Ley Modelo Interamericana, artículo 3.

nal Electoral del Poder Judicial de la Federación señala que esta conducta "comprende todas aquellas acciones u omisiones de personas, servidoras o servidores públicos que se dirigen a una mujer por ser mujer (en razón de género), tienen un impacto diferenciado en ellas o les afectan desproporcionadamente, con el objeto o resultado de menoscabar o anular sus derechos político-electorales, incluyendo el ejercicio del cargo."

Hasta la reforma de abril del año 2020, la única definición con la que se contaba era esa, la emitida por el órgano jurisdiccional, y replicada en el Protocolo para atender este tipo de violencia y en algunas legislaciones locales, sin embargo, en la legislación federal no se contaba con una definición para esta conducta; es a partir de la reforma de esta fecha, en la que se modifican diversas disposiciones legales[133] que se proporciona una definición legal de esta conducta.

Lo anterior generaba una serie de problemas, especialmente en materia penal, pues al no contar con un tipo penal que abordara este tema, las instituciones como la Fiscalía Especializada para la Atención de los Delitos Electorales y las Fiscalías estatales tenían que utilizar algunas de las conductas descritas en la Ley General en materia de delitos electorales, lo cual dificultaba la investigación y sanción de estos delitos.

La Ley General de Acceso de las Mujeres a una vida libre de violencia, incluye a la violencia política como una de las modalidades, señalando en el artículo 20 bis:

> "es toda acción u omisión, incluida la tolerancia, basada en elementos de género y ejercida dentro de la esfera pública o privada, que tenga por objeto o resultado limitar, anular o menoscabar el ejercicio efectivo de los derechos políticos y electorales de una o varias mujeres, el acceso al pleno ejercicio de las atribuciones inherentes a su cargo, labor o actividad, el libre desarrollo de la función pública, la toma de decisiones, la libertad de organización, así como el acceso y ejercicio a las prerrogativas, tratándose de precandidaturas, candidaturas, funciones o cargos públicos del mismo tipo."

---

133 Esta Reforma modifica 8 leyes relacionadas con la materia electoral, estas son: La Ley General De Acceso De Las Mujeres A Una Vida Libre De Violencia, Ley General De Instituciones Y Procedimientos Electorales, Ley General Del Sistema De Medios De Impugnación En Materia Electoral, Ley General De Partidos Políticos, Ley General En Materia De Delitos Electorales, Ley Orgánica De La Fiscalía General De La República, Ley Orgánica Del Poder Judicial De La Federación y Ley General De Responsabilidades Administrativas, el decreto puede ser consultado en https://www.dof.gob.mx/nota_detalle.php?codigo=5591565&fecha=13/04/2020

Una definición muy completa es la presentada por la Dra. Dubravka Šimonović, Relatora Especial de las Naciones Unidas sobre la Violencia contra la Mujer, quien señala:

> Tanto los hombres como las mujeres pueden experimentar la violencia en la política. Esos actos de violencia contra la mujer, sin embargo, se dirigen a ellas debido a su género y adoptan formas basadas en el género, como las amenazas sexistas o el acoso y la violencia sexuales. Su objetivo es disuadir a las mujeres de participar activamente en la política y ejercer sus derechos humanos y afectar, restringir o impedir la participación política de las mujeres individualmente y como grupo.

Esa violencia, incluso en las elecciones y más allá de ellas, comprende todo acto de violencia basada en el género, o la amenaza de esos actos, que se traduce, o puede resultar en daños físicos, sexuales o psicológicos o sufrimiento y está dirigida contra la mujer en la política por su condición de mujer, o afecta a las mujeres de manera desproporcionada.[134]

De esta definición se puede resaltar que la VPMRG abarca dos dimensiones: una individual y una colectiva. Esto implica que, aunque las agresiones generalmente van dirigidas a una mujer en particular (dimensión individual), también busca dar un mensaje general de desalentar la participación política de todas las mujeres, es decir, busca desmotivar a las mujeres de ser o estar políticamente activas.

Lo anterior, se refuerza con lo que señala el Instituto Nacional Demócrata, en su informe "#NotTheCost", en el cual menciona que esta manifestación de la violencia:

> "Incluye todas las formas de agresión, coerción o intimidación en contra de las mujeres como actoras políticas simplemente por el hecho de ser mujeres. Estos actos —dirigidos a las mujeres ya sea como líderes civiles, votantes, miembros de partidos políticos, candidatas, representantes electas, o funcionarias designadas— están diseñados para restringir la participación política de las mujeres como grupo. Esta violencia refuerza los estereotipos y los roles tradicionales de las mujeres, usando la dominación y el control para excluir a las mujeres de la política."[135]

---

[134] Šimonović, Dubravka, *Informe de la Relatora Especial sobre la violencia contra la mujer, sus causas y consecuencias, de la Organización de Naciones Unidas*, Organizacion de las Naciones Unidas, 2018.

[135] Instituto Nacional Demócrata, #NotTheCost: Instituto Nacional Demócrata, #NotTheCost: *Cese de la Violencia en Contra de Las Mujeres en la Política*, Washington DC, 2016, p. 12 (50 pp total)

De acuerdo con todo lo anterior, tanto la definición legal, como la jurisprudencial, coinciden en aspectos importantes, tales como:

- Señalar que se trata de una conducta (acción u omisión)
- Que se presente en el marco del ejercicio de los derechos político-electorales
- Que su objeto o resultado sea la vulneración de estos derechos
- Que la conducta tenga elementos de género

Estos elementos también han sido reiterados por la Jurisprudencia 21/2018 del Tribunal Electoral del Poder Judicial de la Federación.

En primer lugar, al señalar que es una conducta, se hace énfasis en que puede ser una acción, es decir, que la persona agresora realice algo o simplemente que se abstenga de realizar una acción que, por su función debería realizar. Aquí también pueden entrar todos los actos de tolerancia de estas violaciones a los derechos de las mujeres. Un ejemplo puede ser cuando los partidos políticos tienen conocimiento de conductas que pueden ser consideradas VPMRG, pero deciden no actuar, con lo cual permiten que estas agresiones se sigan reproduciendo, e incluso multiplicando.

Establecer que la conducta debe ser en el ejercicio de los derechos político-electorales parece una cuestión obvia, no obstante, es necesario reconocer que estos derechos no se limitan al sufragio activo y pasivo, que son los derechos de esta categoría en los que siempre se piensa, y es fundamental poder identificar cuándo se trata de derechos político-electorales, pues, con frecuencia, la VPMRG puede confundirse con la violencia en el ámbito laboral o con otras modalidades.

El artículo 7 de la Convención sobre la eliminación de todas las formas de discriminación contra la Mujer (CEDAW),[136] por sus siglas en inglés,

---

136 "Los Estados Partes tomarán todas las medidas apropiadas para eliminar la discriminación contra la mujer en la vida política y pública del país y, en particular, garantizarán a las mujeres, en igualdad de condiciones con los hombres, el derecho a:

a) Votar en todas las elecciones y referéndums públicos y ser para todos los organismos cuyos miembros sean objeto de elecciones públicas;

b) Participar en la formulación de las políticas gubernamentales y en la ejecución de éstas, y ocupar cargos públicos y ejercer todas las funciones públicas en todos los planos gubernamentales;

c) Participar en organizaciones y en asociaciones no gubernamentales que se ocupen de la vida pública y política del país hace referencia a estos derechos, los cuales, de manera resumida comprenden: el derecho de votar, de ser elegida y de tomar parte de las decisiones de la política del Estado, de ejercer funciones públicas, así como de participar en organizaciones no gubernamentales, asociaciones, sindicatos y asociaciones profesionales.

De acuerdo con el Centro de Asesoría y Promoción Electoral del Instituto Interamericano de Derechos Humanos (IIDH-CAPEL) la participación política comprende:

> [q]ue todas las personas —independientemente de su sexo, origen nacional o étnico y sus condiciones económicas, sociales o culturales— tengan la posibilidad real de ejercer, en forma individual o colectiva, todas las actividades derivadas de su derecho a decidir sobre el sistema de gobierno, elegir representantes políticos, ser elegidos y actuar como representantes políticos, participar en la definición de normas y políticas públicas y controlar el ejercicio de las funciones públicas asignadas a los representantes políticos.[137]

Es importante entender esto, pues, con frecuencia se cree que la VPMRG solo puede presentarse en los procesos electorales, no obstante, si se considera que se presenta en el ejercicio de cualquier derecho político, queda claro que esta acción puede ocurrir en cualquier momento y contra cualquier mujer, aunque no sea candidata o servidora pública; esta conducta pues, afecta no solamente a las candidatas y a las funcionarias, sino también a las mujeres que están tratando de ejercer sus derechos políticos o de participar de cualquier forma del mundo político, desde las elecciones, la formulación de políticas, hasta el activismo, tanto a nivel local, nacional como regional.

En relación con las personas agresoras, en este tipo de violencia se puede empezar señalando a las y los opositores políticos, pues resulta lo más obvio, sin embargo, estos no son los únicos, ya que también podemos incluir a familiares de las víctimas, a sus amistades, personas dentro de su propio partido político, personas que se dedican al servicio público, líderes religiosos, la comunidad en general y los medios de comunicación.

Para configurar la VPMRG la conducta debe, además, vulnerar o afectar un derecho político electoral, sin importar si este era el resultado que se esperaba. Este aspecto es interesante, pues si se concretó la afectación,

---

[137] IIDH, Definición XIX Curso Interdisciplinario de Derechos Humanos, junio 2001, San José, Costa Rica, en Isabel Torres, "Derechos políticos de las mujeres, acciones afirmativas y paridad", *Revista IIDH*, Volumen 47, año 2008, p.230 (225-240).

resulta intrascendente si ese era el fin o no. Por ello resulta importante que todas las personas, pero específicamente quienes se dedican al servicio público, realicen sus funciones con respeto a los derechos de las mujeres.

Y, finalmente, la conducta debe tener elementos de género, y, ¿cómo saber cuándo se está frente a un caso así? De acuerdo con la jurisprudencia de la Corte Interamericana de Derechos Humanos y del Comité CEDAW en su Recomendación 19, se pueden considerar al menos dos situaciones para determinar que un acto de violencia está basado en el género:

1. Cuando la violencia se dirige a una mujer por ser mujer. Es decir, cuando las agresiones están especialmente orientadas en contra de las mujeres por su condición de mujer y por lo que representan en términos simbólicos, bajo concepciones basadas en estereotipos. Incluso, muchas veces el acto se dirige hacia lo que implica lo "femenino" y a los roles que normalmente se asignan a las mujeres.
2. Cuando la violencia tiene un impacto diferenciado en las mujeres; esto es, a) cuando la acción u omisión afecta a las mujeres de forma diferente que a los hombres o cuyas consecuencias se agravan ante la condición de ser mujer; y/o b) cuando les afecta en forma desproporcionada. Este último elemento se hace cargo de aquellos hechos que afectan a las mujeres en mayor proporción que a los hombres. En ambos casos, habrá que tomar en cuenta las afectaciones que un acto de violencia puede generar en el proyecto de vida de las mujeres.

Como se mencionó en líneas anteriores, la VPMRG no es un fenómeno nuevo, sin embargo, las manifestaciones de esta conducta no han sido siempre las mismas, estas han evolucionado, ocupando nuevos espacios, entre ellos el espacio digital, y especialmente las redes sociales.

Y de acuerdo con lo analizado en las definiciones anteriores, es posible incluir los actos realizados en redes sociales como una manifestación de la VPMRG pues no establecen un lugar o un ámbito en el que se deben presentar las acciones u omisiones.

Aunque se han tenido avances significativos en cuanto a hacer visible la VPMRG, aún se presentan importantes desafíos; de acuerdo con el informe #NotTheCost hay tres asuntos que han obstaculizado en el reconocimiento de la violencia en contra de las mujeres en la política:

> "el razonamiento convencional que a menos de que exista una manifestación física entonces no se considera violencia; la percepción de que no existen

> dimensiones específicas de género relacionadas a la violencia en la política; y el hecho de que la gran mayoría de las mujeres que han experimentado ataques sexuados probablemente tienden a callar dichos ataques. Estas tres cosas han contribuido a esconder la naturaleza del problema."[138]

Aunado a estos desafíos, se pueden identificar problemas también cuando esta violencia se presenta en el entorno digital, algunos de estos se describen en el siguiente apartado.

3.2. PARTICULARIDADES DE LA VPMRG EN REDES SOCIALES

En el caso de la participación política de las mujeres, esta nueva arena pública conformada por las redes sociales se ha convertido, desafortunadamente, en un espacio hostil, donde a través del anonimato o a veces de forma directa, se les ataca cuestionando su liderazgo, haciendo publicaciones sobre su aspecto físico o poniendo en duda su capacidad para poder desempeñar cargos públicos.

Los ataques y amenazas son recibidas por correo electrónico, llamada telefónica, mensaje directos, WhatsApp, página web, blogs, o bien, a través de las redes sociales más populares como Facebook, Twitter, Instagram o TikTok.

En general, las herramientas y plataformas disponibles en línea, y particularmente las redes sociales, facilitan las posibilidades de atacar a alguien, ya que puede hacerse a distancia, y en muchos casos, en total anonimato. Además, de que las características de las redes permiten amplificar la cantidad de mensajes violentos y sus efectos, y, como ya se ha analizado, estos ataques pueden tener efectos profundos en toda la vida de la víctima, no solamente en el ámbito de su activismo político.

En el caso de las violencias en línea que sufren las mujeres que participan en política, el impacto que tienen no se limita exclusivamente a quien sufre el ataque de manera directa, sino que, por su misma naturaleza pública tienen un impacto dramático en otras mujeres al momento de considerar su participación en la vida pública.

Para mencionar de manera específica una forma en la que esto se manifiesta, se puede hacer referencia a lo que señala el informe #NotTheCost, que menciona:

---

[138] Instituto Nacional Demócrata, #NotTheCost,*op. cit.*, p.15.

> "el ejemplo de "pornovenganza" y otros ataques digitales están vinculados a una violencia secundaria que frecuentemente sigue un ataque inicial donde las mujeres son culpadas por su propia victimización, en vez de ser su atacante o atacantes los responsabilizados. La percepción de impunidad envalentona a los perpetradores e incrementa en las mujeres una percepción de inseguridad y de violación de los derechos, alejando a muchas de ellas de la participación política."[139]

Entonces, la violencia de género en línea constituye un ataque a la libertad de expresión de todas las personas, pero de manera específica, de mujeres, personas trans y no binarias, y ello implica un debilitamiento de la democracia, en la medida en que, como se ha analizado, estas personas se retiran temporal o definitivamente del debate público.

Algunas de las manifestaciones específicas de esta violencia pueden ser las siguientes.

3.3. TIPOS DE VIOLENCIAS DIGITALES CONTRA MUJERES EN POLÍTICA

3.3.1. Acusaciones falsas

Este es un tipo de agresión que se da principalmente en contra de mujeres con un perfil público, pueden ser mujeres que se dedican a la política o tienen algún cargo público, o activistas y defensoras de derechos humanos; consiste, como su nombre lo indica, en difundir rumores, calumnias o mentiras acerca de alguien, para lo cual se pueden crear perfiles falsos en las redes sociales.

Las consecuencias de esta conducta pueden afectar mucho a la víctima, no solo por el desprestigio que se puede provocar, sino que también cuando las acusaciones involucran la comisión de un delito, las víctimas pueden enfrentar procesos legales en su contra.

Además de lo anterior, como se ha mencionado en esta obra, las consecuencias de estas acusaciones pueden provocar afectaciones psicológicas y traducirse también en daños físicos y emocionales.

3.3.2. Desprestigio

Este ataque se da a través de la descalificación, daño o perjuicio de la trayectoria, credibilidad, trabajo profesional o imagen pública de una per-

139 Instituto Nacional Demócrata, #NotTheCost, *op.cit.*

sona, grupo o iniciativa, a través de la exposición de información falsa, manipulada o fuera de contexto. Algunas expresiones específicas pueden ser difusión de contenido, campaña de desprestigio, difamación y descalificación.

De acuerdo con el informe del Instituto Nacional Electoral,[140] "la más común de las violencias políticas contra las mujeres en razón de género fue el desprestigio, pues durante este proceso electoral las personas que pretendieron afectar a las candidatas emitieron en las distintas plataformas de comunicación mensajes con el fin de afirmar que ellas carecían, por sí mismas, de méritos para estar registradas como candidatas o para desempeñarse en la función pública e, incluso, para presentar propuestas factibles o pertinentes."

3.3.3. Deepfake

"*Deepfake*" es un término que surgió en 2017[141], para referirse a videos que utilizan técnicas de aprendizaje automático para intercambiar la cara de una persona con la de otra. La cantidad de *deepfakes* en línea está creciendo exponencialmente y se debe en parte al hecho de que ahora es más fácil para los no expertos usar estas tecnologías.[142]

Aunque se trata de tecnología que pude utilizarse con cualquier fin y contra cualquier persona, destaca su creciente uso en contextos políticos y pornografía. Los *deepfakes* sexuales son una de las muchas formas en que las mujeres son cosificadas en la cultura digital y visual, de acuerdo con un informe de Deeptrace, en cuanto a su uso en pornografía, son las mujeres las víctimas exclusivas.[143]

A diferencia de otras formas de violencia contra las mujeres como la pornografía no consensuada en la que las imágenes son reales, usando *deepfakes*, cualquier mujer puede aparecer en pornografía, todo lo que se requiere es una cantidad suficiente de imágenes faciales, un video pornográfico apropiado en el que se colocará el rostro de la mujer, algunos conocimientos técnicos y los *deepfakes* se convierten en una forma más, particularmente poderosa, de usar los cuerpos de las mujeres.

---

140 INE, op. cit.

141 Deeptrace, The State of Deepfakes: Landscape, Threats, and Impact, Henry Ajder, Giorgio Patrini, Francesco Cavalli, and Laurence Cullen, September 2019.

142 *Idem*

143 *Idem* p. 2

Los *deepfakes* ya están desestabilizando los procesos políticos.[144] Se considera que los *deepfakes* políticos tienen el poder de engañar a las personas votantes, robar elecciones y socavar las democracias[145], manifestando ataques en contra de diversas personas vinculadas con la política, pero de manera específica comienzan a aparecer casos relacionados con el uso de dicha tecnología para atacar a las mujeres en la política. Un ejemplo es una conocida política estadounidense, que en 2019 apareció en un video como si estuviera ebria.[146]

3.3.4. Cadena de agresiones

Otro aspecto que ha sido documentado por la organización "Luchadoras", y que resulta relevante y preocupante es que, cuando se trata de ataques en contra de mujeres con perfiles públicos, se pueden presentar lo que han denominado "cadena de agresiones", que consiste en "la articulación de agresiones que se habilitan entre sí, complejizando y profundizando el daño hacia las mujeres víctimas de esta serie de ataques."[147]

En esta forma de agresión se pueden presentar cuatro conductas entrelazadas:

- Doxxeo; es decir, la investigación y obtención de información de índole personal sobre una candidata.
- Manipulación de la información; que consiste en la elaboración de *collages,* fotomontajes, videos o información falsa, construida de tal forma que parezca real y con la intención de hacerse pública.
- Desprestigio; la puesta en circulación en el espacio digital del material creado, en ocasiones acompañado de un *hashtag* ofensivo.

---

144 Deeptrace, en un informe de 2019 da cuenta de dos casos relacionados con la política, no se describen en esta investigación por tratarse de ataques en contra de hombres, pero pueden consultarse aquí: https://storage.googleapis.com/deeptrace-public/Deeptrace-the-State-of-Deepfakes-2019.pdf

145 Maddocks, Sophie 'A Deepfake Porn Plot Intended to Silence Me': Exploring Continuities Between Pornographic and 'Political' Deep Fakes

146 OEA, Combatir la violecia en línea contras las mujeres, un llamado a la proteccion, 2019. P. 10

147 Barrera, Lourdes et al. *Violencia política a través de las tecnologías en México, Elecciones 2018*, México, Luchadoras, 2018. p. 45.

- Expresiones discriminatorias; la recepción de insultos o agresiones contra las mujeres por parte de usuarios de redes sociales en respuesta a la información puesta en línea.

Esta forma de violencia revela una intención explícita del uso de tecnologías como herramienta de ataque contra mujeres que tienen perfiles públicos, pues, implica la puesta en operación de recursos como tiempo y esfuerzo para la realización de cada una de estas actividades.

3.4. ALGUNOS CASOS RELEVANTES

3.4.1. La VPMRG en Twitter SRE-PSD-93/2018

> *"Como mujeres podemos dignificar la política, con preparación, sin tener que encuerarse por una curul como la candidata de Morena."*

Este es el mensaje que Ana Cristina Ruiz Rangel @AnaCRuizRangel, candidata a la diputación federal publicó en su cuenta de Twitter durante el proceso electoral en 2018. La candidata a la diputación federal Nayeli Salvatori Bojalil denunció este comentario como violencia política contra las mujeres.[148]

El criterio emitido por la Sala Superior en el sentido de que los contenidos de las redes sociales pueden ser susceptibles de constituir una infracción en materia electoral; es decir, que los mensajes, videos, fotografías o cualquier elemento audiovisual que se difunda en una red social puede llegar a violar las restricciones de temporalidad y contenido de la propaganda política o electoral; y por ello, se torna necesario su análisis para verificar que una conducta en principio lícita, no se pueda tornar contraventora de la normativa electoral. Para lo cual deben tener en cuenta dos situaciones:

a) La identificación del emisor del mensaje.

b) El contexto en el que se emitió el mensaje.

En relación con la identificación del emisor del mensaje, la Sala establece que es necesario hacer un análisis de si la persona está relacionada directamente con la vida político-electoral del país, pues esto determinará el tratamiento que se dará.

---

148 Sentencia recaída al Procedimiento Especial Sancionador SRE-PSD-93/2018, Sala Regional Especializada del Tribunal Electoral del Poder Judicial de la Federación, Ponente: Magistrado Carlos Hernández Toledo, 26 de junio de 2018.

Aquí, presenta una lista de personas que podría considerarse que están relacionadas con la vida político-electoral: servidores o servidoras públicas, alguien que sea aspirante o que ostente una precandidatura o candidatura, sea militante y/o integrante de algún órgano de dirección de un partido político, personas con relevancia pública, o medios informativos.

Cuando, del análisis efectuado en relación con la persona que emite el mensaje, establece que es ajena a la vida política "deberá partir de la premisa de que dichas manifestaciones gozan de una presunción de espontaneidad propia de la interacción de las redes sociales y, en su caso, brindar una protección más amplia y tolerable al ejercicio de la libertad de expresión, sin que ello, por sí mismo, pueda considerarse como una eximente de responsabilidad por lo que se difunda, puesto que dependerá del análisis del propio mensaje y del contexto en que se emita lo que permitirá considerar aplicable o no dicha presunción."

Este análisis es interesante, pues se reconoce que las redes sociales son espacios en donde las personas se expresan de manera libre y espontánea, y que estas expresiones pueden crear confrontaciones entre las personas usuarias, pero que tratándose de temas políticos esta confrontación puede ser permisible, priorizando la libertad de expresión.

Para el segundo elemento, la Sala establece que el contexto en el que "se deberá valorar si el mismo corresponde a una auténtica opinión o interacción de un usuario de una red social o, en su caso, si persigue un fin político-electoral que se encamine a beneficiar o perjudicar a alguna fuerza política o electoral."

El análisis que se hace de la violencia política contra las mujeres es muy completo y exhaustivo, haciendo un recuento de la normativa aplicable, desde la Constitución Federal, la Convención CEDAW, la Convención Belém Do Pará, para después hacer mención de algunos criterios jurisdiccionales del propio TEPJF, y el Protocolo para atender la violencia política contra las mujeres en razón de género.

Posteriormente, la Sala se enfoca en estudiar detenidamente el contenido de la publicación de Twitter, que ya ha quedado señalado al inicio de este apartado.

Del estudio de la publicación se determina que:

1. La denunciada al ser candidata a Diputada Federal es una persona relacionada directamente con la vida político-electoral del país y, en

consecuencia, el análisis que debe efectuarse para determinar si la publicación que se le atribuye es o no un auténtico ejercicio de la libertad de expresión, deberá ser estricto.

2. No constituye una opinión o interacción de cualquier usuario de una red social, sino que persigue un fin político-electoral encaminado a beneficiar a Ana Cristina Ruiz Rangel y a perjudicar a Nayeli Salvatori Bojalil, pues ambas son contendientes por el mismo cargo de elección federal, esto es, por la Diputación del 10° Distrito Electoral en el estado de Puebla.
3. Puede concluirse que la destinataria del mensaje en cuestión, era la quejosa, pues conforme a dicho diálogo es razonable estimar que se refería a Nayeli Salvatori Bojalil.
4. En cuanto al contenido del mensaje, se advierte que es abiertamente estereotipado, porque demerita la capacidad política de las mujeres, específicamente la de la denunciante, pues refiere que su candidatura la obtuvo como resultado de "haberse encuerado" y no de su capacidad política.
5. La publicación denunciada constituye violencia política por razón de género, ya que refiere que la denunciante logró su candidatura a partir de haberse encuerado; con lo cual niega o demerita su capacidad para hacer carrera política.

La determinación en cuanto a la sanción fue la siguiente: "esta Sala Especializada estima conveniente imponer a Ana Cristina Ruiz Rangel, así como a los partidos políticos PRD, PAN y MC una amonestación pública", además, "esta Sala Especializada considera necesario exhortar a Ana Cristina Ruiz Rangel, a fin de que, en lo sucesivo no realice, permita o tolere que, en sus redes sociales, en ejercicio de su libertad de expresión, se incluyan elementos que puedan llegar a constituir violencia política en contra de alguna mujer, tal y como aconteció en el caso actual."

Además de lo que ya se ha mencionado, esta resolución es importante porque en ella, la Sala hace un estudio adecuado de las características y efectos que las redes sociales presentan para el entorno político.

También resulta relevante porque sanciona a una mujer por VPMRG, confirmando con ello que cualquier persona puede ser sancionada por esta conducta, y no exclusivamente los hombres, como a veces se piensa.

3.4.2. La "Entrevista del Monchi a Lilly Tellez"

Esta sentencia[149] deriva de un recurso de revisión del Procedimiento Especial Sancionador SRE-PSC-18/2020, en el que se analiza la violencia política contra la candidata a senadora por Sonora. En la resolución de este proceso, se impone multa a Sergio Jesús Zaragoza Sicre, como responsable de la cuenta de correo con la que se creó el perfil de Facebook *"El Chou de Monchi"*; por ello resulta responsable de la difusión del video *"Entrevista del Monchi a Lilly Tellez"*.

Esta resolución resulta relevante por varios aspectos. En primer lugar, se analiza la violencia política contra las mujeres que sucede en redes sociales —en este caso en Facebook—, calificándola como modalidad de violencia digital. Otra consideración es que, aunque se desconocía quien era el titular de la cuenta, se solicitó a la empresa que proporcionara los datos, identificando con ello al administrador de la cuenta y el correo electrónico con el que se creó la página, a partir de ello se hicieron las diligencias correspondientes para localizar a Sergio Jesús Zaragoza Sicre, como el creador de la página.

Además de lo anterior, esta sentencia sirve como precedente, pues en ella se ordenó el cumplimiento de diversas medidas de reparación, prevención y sensibilización, con el objetivo de crear conciencia y generar cambios reales y potentes que permitan erradicar la violencia política en contra de las mujeres por razón de género, en este caso, en la modalidad de violencia digital.

Al presentar este recurso, el quejoso señala de manera muy simplificada los siguientes conceptos de agravio: que no existía una norma legal que contemplara la violencia política y se valoran de manera indebida las pruebas, que la Sala Especializada no fundamentó adecuadamente su responsabilidad con relación a la cuenta de Facebook.

En relación con el primer agravio, la Sala deja muy claro que, aunque la violencia política no estaba tipificada en el momento de los hechos, las normas internacionales y los propios criterios del Tribunal dejaban muy claro que esta es una conducta que no es aceptable y que es sancionable por el derecho electoral.

---

149 Sentencia recaída al Recurso de Revisión del Procedimiento Especial Sancionador **SUP-REP-154/2020**, Sala Superior del Tribunal Electoral del Poder Judicial de la Federación, Ponente: Magistrado Felipe Alfredo Fuentes Barrera, 04 de febrero de 2021.

Para el segundo concepto de agravio, señala que el quejoso es responsable, pues "el recurrente al haber creado la cuenta de Facebook formó parte de una cadena de hechos que derivaron en la comisión de violencia política en contra de una candidata e incumplió con un deber de cuidado respecto del manejo de su correo electrónico y de un perfil de Facebook con el que se creó."

En esta sentencia, a diferencia de la analizada con anterioridad, el Tribunal sí analiza aspectos especiales en relación con las características de las redes sociales, de forma específica señala "**la tecnología permite que la violencia de género pueda cometerse a distancia, sin contacto físico y más allá de las fronteras mediante el uso de perfiles anónimos para intensificar el daño a las víctimas.**"

Efectivamente, el anonimato es uno de los aspectos aquí analizados, pues aunque se determina, a través de la respuesta de Facebook, que el correo con el que se creó la página está vinculado con el quejoso en este caso, también se establece que el administrador de dicha página es un tal "Alberto Rodríguez", de quien no es posible determinar su identidad en el "mundo real", no obstante, se responsabiliza al quejoso al unir las pruebas, hechos e indicios, y la responsabilidad objetiva que surge de crear la cuenta del correo electrónico usada para difundir el material violento, con el fin de otorgar una razonable tutela a la denunciante de violencia política.

3.4.3. Nulidad de la elección por VPMRG, la sentencia de Iliatenco y el papel de las redes sociales

Durante el proceso electoral local de 2021, se suscitó un caso en un municipio de Guerrero que tuvo trascendencia nacional, debido a que la sentencia[150] del Tribunal Electoral del Poder Judicial de la Federación en relación con esa elección se convirtió en la primera en anular las elecciones por violencia política por razones de género en contra de la candidata a la presidencia municipal de Iliatenco.

Aunque dicha sentencia no estudia la VPMRG en las redes sociales, sí estuvieron involucradas en este caso, y se analiza su implicación el Procedi-

---

[150] Sentencia recaída al Recurso de Reconsideración **SUP-REC-1861/2021**, Sala Superior del Tribunal Electoral del Poder Judicial de la Federación, Ponente: Magistrada Mónica Aralí Soto Fregoso, 29 de septiembre de 2021.

miento Especial Sancionador TEE/PES/050/2021, por ello, es esta resolución la que se analizará en este apartado.

En este caso, el Tribunal Electoral del Estado de Guerrero TEEG, analiza la denuncia presentada por Ruperta Nicolás Hilario, candidata a la Presidencia Municipal de Iliatenco, señalando diversas publicaciones realizadas por Pedro Adán Cantú Ramírez, director y editor del Diario "El noticiero de Guerrero" en la cuenta de Facebook de dicho diario que considera son constitutivas de VPMRG.

En la denuncia se señala que "el treinta de mayo del dos mil veintiuno, El Noticiero de Guerrero, publicó en su cuenta oficial de Facebook una nota periodística con contenidos en texto e imágenes injuriosos, difamatorios y denigrantes hacia Ruperta Nicolás Hilario y su equipo de colaboradores, así como tres imágenes que contienen propaganda con dichas características y dos fotos de pintas en la vía pública."

Además de lo anterior, diversos usuarios de Facebook hicieron publicaciones respecto de la candidata. La usuaria "Ruperta Santos" hizo una publicación en la que señalaba que ella había matado a dos personajes importantes de la política en el municipio a través de brujería. El usuario "Julio Mosso" publicó una imagen con la fotografía de la candidata y la imagen de una hoja con la carátula del juicio de inconformidad que presentó ante el Tribunal Electoral del Estado de Guerrero acompañadas de textos que se expresaban de manera ofensiva y sexista.

Para determinar si los hechos denunciados realmente constituyen VPMRG, el Tribunal debe analizar, en primer lugar, si los hechos se realizaron efectivamente. En ese sentido, primero se valoran las pruebas ofrecidas, ya que son relevantes en este estudio las pruebas técnicas, consistentes en las capturas de pantalla de las publicaciones hechas en las redes sociales.

En el estudio que hace el Tribunal sobre los hechos denunciados, llega a la conclusión de que las publicaciones efectivamente se realizaron y que constituyen violencia política en contra de la denunciante, Ruperta Nicolás Hilario.

Posteriormente, de acuerdo con lo que describe la sentencia, la Unidad Técnica de la Oficialía Electoral del Instituto Electoral y de participación ciudadana del Estado de Guerrero realiza la inspección de perfiles de la red social (Facebook), a partir de los links y vínculos de Internet proporcionados por la denunciante.

Esta inspección puede generar algunos problemas, por ejemplo, es posible que al momento de la inspección las publicaciones hayan sido eliminadas o que las cuentas de las y los usuarios sean privadas.

También se analizan las circunstancias de modo, tiempo y lugar en las que suceden los hechos denunciados, señalando a la red social Facebook como el modo, el lugar y medio de ejecución.

Una vez que se ha determinado la existencia de las publicaciones, el órgano jurisdiccional se centra en los mensajes. Un acierto en este análisis es que no solo se analiza el contenido de los mensajes o publicaciones, sino que se estudia todo el contexto en el que se hacen, señalando que "las frases referidas en los mensajes están insertas de una forma en la que se alude a su condición de mujer, y la coloca en una posición que busca aplicarle estereotipos de género en su perjuicio".

Además, el Tribunal hace énfasis en que "es incuestionable que las expresiones en su contexto reflejan palabras con un contenido donde se busca inhabilitar y demeritar la posible candidatura de la denunciáda en principio por ser mujer y secundariamente difundiendo ideas denotativas, pero sustancialmente, en contra sentido, por no ser hombre."

Como se ha mencionado en este capítulo, para determinar la existencia de la violencia política por razones de género se deben estudiar los 5 elementos señalados en la Jurisprudencia 21/2008 del TEPJF, en este sentido, el TEEG señala: "Este órgano jurisdiccional advierte que se está en presencia de violencia simbólica, dado que, tienen como finalidad deslegitimar a las mujeres a través de los estereotipos de género que les niegan habilidades para la política, por su condición de mujer."

Por todas las razones descritas, el Tribunal determina que efectivamente, las publicaciones y las expresiones realizadas en Facebook constituyen violencia política contra la candidata por su condición de mujer.

Finalmente, para establecer la sanción aplicable, el TEEG señala que se trata de una falta leve, por lo cual, impone al denunciado una amonestación pública.

Tal y como sucede en las sentencias antes mencionadas, en esta, el Tribunal Local hace un análisis exhaustivo sobre los criterios actuales, tanto legales como jurisdiccionales en materia de violencia política contra las mujeres para determinar si la conducta denunciada cumple con las características para ser decretada como tal, llegando a la conclusión de que, efectivamente, la conducta desplegada por el denunciado constituye VPMRG.

De los criterios jurisdiccionales aquí analizados se puede observar, que las redes sociales son vistas por los Tribunales Electorales como modo, lugar y medio de ejecución de la VPMRG, no se hacen estudios específicos sobre las características de estas herramientas y el alcance que estas pueden tener. El estudio que realizan, se centra en el contenido de los mensajes, y si estos cumplen con los criterios establecidos en la propia jurisprudencia del Tribunal.

3.5. DATOS SOBRE LA VPMRG EN REDES SOCIALES EN MÉXICO

La violencia en redes sociales que sufren las mujeres que participan en política es un tema que, si bien cobra cada vez mayor relevancia, la información relacionada se limita a una cuestión documental, sin trabajo empírico.

A través de esta obra, se han citado diversos documentos internacionales que dan cuenta de algunas investigaciones de este tipo, sin embargo, no han sido suficientes. En México, el primer estudio de este tipo lo realizó el Instituto Nacional Electoral, presentando los resultados de dicha investigación en el informe denominado "Subordinadas y bellas. La violencia política contra las mujeres en prensa y redes sociales durante el proceso electoral Local 2018-2019"[151].

Los datos presentados en el citado informe confirman las afirmaciones hechas en otros documentos que ya se han mencionado en este capítulo, señalando que las redes sociales son espacios en donde se reproduce la violencia contra las mujeres que participan en política, incluso de manera más agresiva que en los medios de comunicación tradicionales.

Una de las formas más comunes de violentar a las mujeres en redes sociales es a través de comentarios relacionados con su sexualidad, en este sentido, el informe señala "en el caso de las redes sociales, la conversación era aún más agresiva, con menciones explícitas al cuerpo de las candidatas y su función de "amantes" o "novias" de los candidatos, e incluso a un presunto intercambio de favores sexuales para la obtención de un cargo público."[152]

---

151 INE, *op.cit.*

152 *Ibídem,* p. 20.

Lo anterior, no se limita a los procesos electorales, es decir, no sufren estos ataques únicamente cuando son candidatas, sino que, si ganan las contiendas, siguen experimentando estas agresiones en el Congreso o en la gubernatura y aun en el ejercicio de cualquier puesto en el ámbito público; incluso, viven estos ataques cuando han terminado con el cargo público para el que fueron electas.

En este sentido, el informe señala: "Los mensajes en contra de exdiputadas representaron 75% del total de publicaciones contra mujeres sin un cargo político actual si se suman los mensajes de prensa y redes sociales."[153]

Las personas que pueden participar en los medios de comunicación tradicionales y las que participan en las redes sociales representan diferencias significativas, pues las características de cada plataforma posibilitan o restringen el acceso de ciertos tipos de emisoras y emisores.

En la prensa tradicional "las y los columnistas emiten 63 de cada centenar de mensajes; reporteras y reporteros publican otros 32; y el resto, alrededor de tres por ciento, se genera cuando periodistas reseñan un enunciado de algún tipo de persona dedicada a la política".[154]

En las redes sociales, un agente novedoso son las usuarias y usuarios, quienes emiten el 48 por ciento de los mensajes con VPMRG.[155]

En relación con el contenido de los mensajes, los estereotipos más utilizados para violentar a las mujeres son precisamente los que dan nombre al informe, unos, relacionados con su aspecto físico (bellas), y los otros, con una presunta subordinación a un hombre; por ejemplo, al utilizar categorías como "hermana de", "novia de" o "esposa de".

Al asumir a las mujeres que participan en política como subordinadas a alguien se "pretende anular o menoscabar sus derechos políticos, se espera que las mujeres se comporten en política como presuntamente deberían comportarse en la esfera privada, es decir, satisfaciendo las necesidades privadas de los hombres con quienes cohabitan."[156]

Al analizar las redes sociales en particular, se observa que en Facebook, se presentó el 9 por ciento de los mensajes que contenían VPMRG, pero la red social en la que mayor violencia se presenta es Twitter, en donde se

---

[153] *Ibídem*, p. 32.
[154] *Ibídem*, p. 40.
[155] *Ibídem*, p. 41.
[156] *Ibídem*, p. 6.

registraron el 76 por ciento de estos mensajes. Con ello se afirma que "cada vez contamos con mayor evidencia empírica para sostener que en Twitter existen mayores porcentajes de violencia política en razón de género que en Facebook, YouTube o los diarios nacionales, por citar algunos ejemplos."[157]

Finalmente, otro dato interesante presentado en este informe, es en cuanto a las candidatas, pues señala que una forma de violencia que experimentan las candidatas en redes sociales es la desigualdad en la cobertura, de acuerdo con datos del INE, del 100 por ciento de publicaciones, solo el 29.85% está dedicado a las mujeres.

Para la presente publicación se desarrolló una encuesta para obtener datos relacionados con esta problemática en nuestro país. La encuesta fue elaborada a través de la herramienta Google Formularios y se recabó información de junio a diciembre de 2021, consiguiendo un total de 136 respuestas.

Dicho formulario está compuesto por 6 secciones, la primera simplemente presenta la encuesta, señalando el objetivo de la misma y haciendo énfasis en la confidencialidad de las respuestas y el manejo de datos con fines exclusivamente académicos.

La siguiente sección, referente a la información personal, en la que se pregunta sobre la edad y tipo de participación política de las encuestadas. Además, en esta sección se pregunta a las participantes si usaban sus redes sociales con fines políticos, en caso de que la participante contestara que no, se terminaba la encuesta, pues, resulta necesario que las participantes usen sus redes sociales en el ejercicio de sus derechos político-electorales.

En relación con la edad de las participantes, se parte de la noción de que a las personas no les gusta proporcionar su edad exacta, sin embargo, conocer el rango de edad de las participantes es útil para saber qué sector etario es más propenso a sufrir agresiones en las redes sociales, así que se optó por respuestas por rangos de edad, obteniendo que la mayor parte de las mujeres encuestadas —el 58 por ciento— se encuentra entre los 29 y los 48 años, siendo las mujeres de 60 años en adelante quienes menos utilizan estas aplicaciones, reportando solo el 6 por ciento.

---

[157] *Ibídem*, p. 13.

Gráfica 1

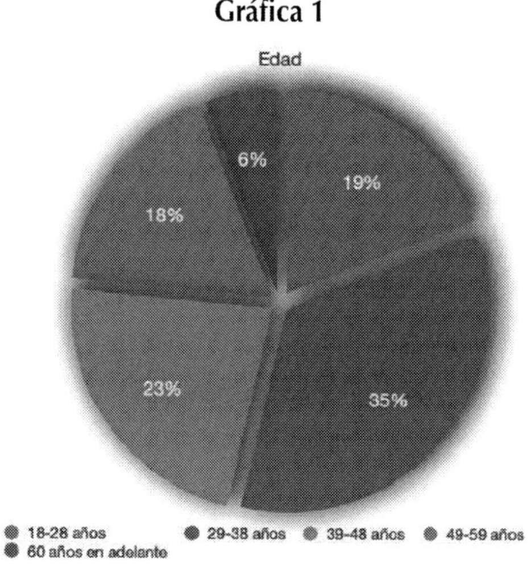

Fuente: elaboración propia.

De acuerdo con lo estudiado en este apartado, ser candidatas a un cargo de elección popular y ejercer nuestro derecho al voto durante la jornada electoral no son los únicos derechos político-electorales, por ello, conocer cuáles son las actividades que las participantes realizan es importante. De las mujeres encuestadas, 40 señalaron dedicarse al activismo, lo que representa un 29 por ciento. 31 mujeres encuestadas, es decir, el 23 por ciento, respondieron dedicarse a la función pública, y solo 4 personas, o sea el 3 por ciento, son académicas.

Gráfica 2

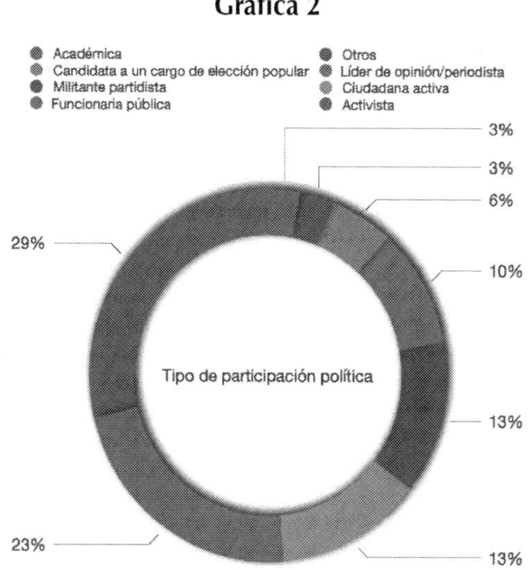

Fuente: elaboración propia.

De las mujeres encuestadas, 77 afirmó usar sus redes sociales con fines políticos, es decir, el 57 por ciento. Por ello, a partir de esta pregunta el total de respuestas efectivas es de 77.

Gráfica 3

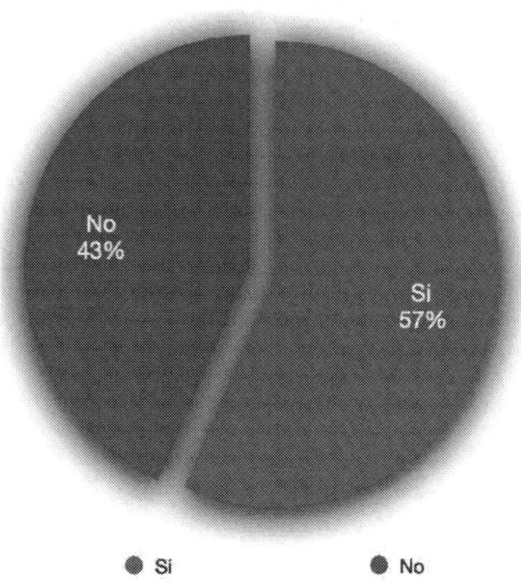

Fuente: elaboración propia.

La siguiente sección corresponde al uso de redes sociales. Aquí se busca conocer cuáles son las redes sociales más utilizadas y cuánto tiempo al día pasan las usuarias en estos espacios. También es útil conocer si las usuarias utilizan sus redes personales o tienen cuentas públicas.

Del total de mujeres que utilizan sus redes sociales con fines políticos, resulta interesante que solo un 30 por ciento tiene una cuenta pública para ello, es decir, la mayoría de las mujeres en política usan su cuenta personal. Esto resulta relevante por las implicaciones que puede tener el uso de una cuenta personal, en primer lugar, toda la información privada que se puede compartir en ellas y también por las responsabilidades que puede tener por el uso de estas si son servidoras públicas, en relación con los criterios establecidos por la Suprema Corte de Justicia de la Nación en esta materia.[158]

---

[158] La tesis Aislada 2a. XXXIV/2019 (10a.) con rubro: LIBERTAD DE EXPRESIÓN Y DERECHO DE ACCESO A LA INFORMACIÓN EN REDES SOCIALES DE IN-

Gráfica 4

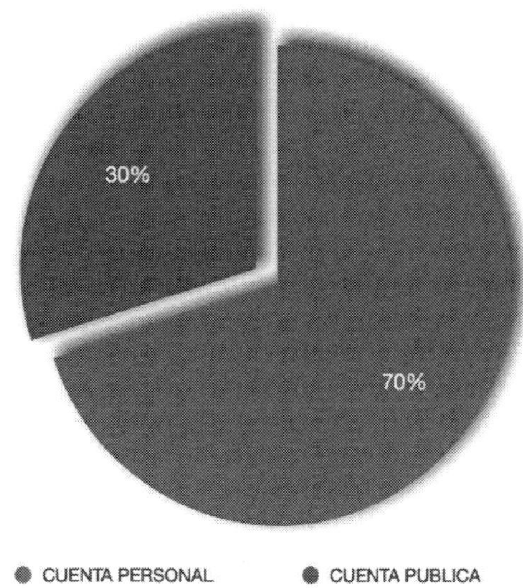

Fuente: elaboración propia.

TERNET. CUANDO UN SERVIDOR PÚBLICO UTILICE UNA RED DE ESTE TIPO COMO MEDIO DE DIVULGACIÓN DE SUS ACTIVIDADES Y COMO VEHÍCULO DE COMUNICACIÓN CON LOS GOBERNADOS, ESTÁ OBLIGADO A PERMITIR A SUS SEGUIDORES EL CONTACTO EN SU CUENTA Y A NO BLOQUEARLOS POR SUS OPINIONES CRÍTICAS, SALVO QUE SU COMPORTAMIENTO SEA CONSTITUTIVO DE ABUSO O DE UN DELITO, señala que "cuando un servidor público utilice como medio de divulgación de sus actividades y como vehículo de comunicación con los gobernados una cuenta de twitter, está obligado a permitir que aquellos que estén inscritos como seguidores de esa cuenta mantengan el contacto, y a no bloquearlos por estimar que sus opiniones críticas le resultan molestas o incómodas, mientras el comportamiento del usuario seguidor no sea abusivo o constitutivo de un delito. Por esa razón, si del contenido de esas expresiones no se aprecia el propósito de ofender en forma desmesurada al servidor público titular de la cuenta de una red social de Internet en su dignidad, en su honra, en su credibilidad, de referirse a él como carente de valor, o contienen opiniones que no concuerdan con la forma en que despliega sus actividades públicas, tal conducta no puede reputarse abusiva ni justifica el bloqueo de quienes las emiten".
Tesis aislada 2a. XXXVIII/2019 (10a.), Semanario Judicial de la Federación 7 de junio de 2019, Décima Época, Libro 67, Tomo III, junio de 2019, página 2327, número de registro digital: 2020010.

La red social más utilizada entre las mujeres encuestadas es Facebook, pues 93.5 por ciento dijo usarla. Instagram es la segunda red con mayor porcentaje de usuarias de acuerdo con la encuesta, representando el 64.9 por ciento de mujeres encuestadas, mientras que Twitter representa el 62.3 por ciento. Otras encuestadas también contestaron hacer uso de aplicaciones de mensajería instantánea como WhatsApp y Telegram, y una más mencionó utilizar YouTube.

Gráfica 5

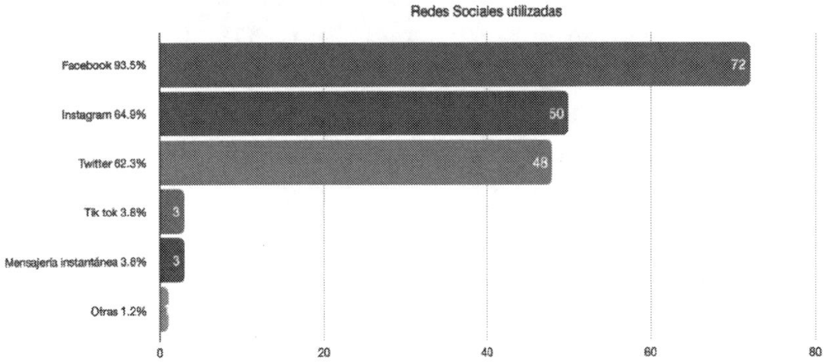

Redes Sociales utilizadas

Facebook 93.5%	72
Instagram 64.9%	50
Twitter 62.3%	48
Tik tok 3.8%	3
Mensajería instantánea 3.8%	3
Otras 1.2%	

0 20 40 60 80

Fuente: elaboración propia.

Conocer el tiempo que las usuarias dedican a sus redes sociales también es un aspecto relevante, pues cuanto mayor tiempo pasan en ellas pueden estar más expuestas a sufrir ataques. De acuerdo con la encuesta, de las 15 mujeres que utilizan sus redes sociales por 5 horas o más, solo una señaló no haber sufrido ningún ataque.

Gráfica 6

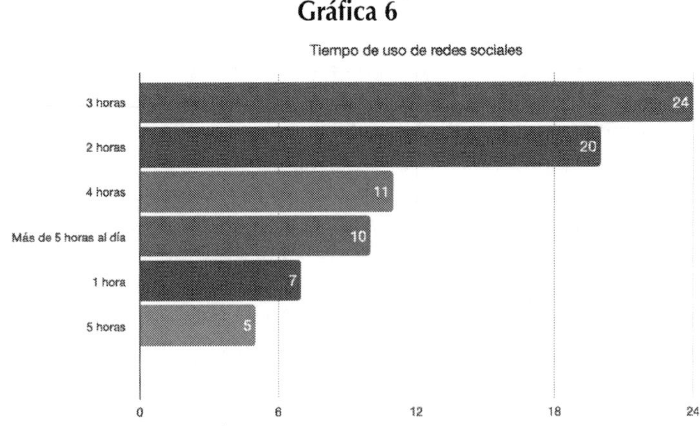

Fuente: elaboración propia.

La cuarta sección de la encuesta corresponde a la seguridad de las redes sociales en general y las cuentas de las usuarias. En este apartado, se pregunta a las encuestadas sobre la percepción que tienen de la seguridad de las redes sociales como espacios para la participación de las mujeres, qué tan seguras consideran que son sus cuentas y contraseñas, si conocen las configuraciones de seguridad de las plataformas y si comparten sus datos personales.

Las respuestas resultan interesantes, pues mientras que la mayoría de las mujeres encuestadas consideran que las plataformas de redes sociales son espacios inseguros para las mujeres, pues en una escala de 1 a 6, en donde 1 es nada seguras y 6 muy seguras, el 84 por ciento señaló entre 1 y 3; cuando se les pregunta por sus cuentas de manera individual, el 60 por ciento considera que sus redes son seguras —contestando entre 3 y 4—, y un 24 por ciento considera que son muy seguras —sus respuestas se encontraron en la escala entre 5 y 6—.

Gráfica 7

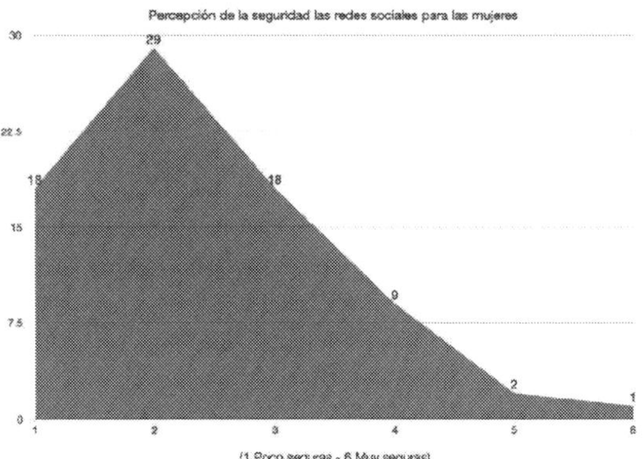

Fuente: elaboración propia.

Gráfica 8

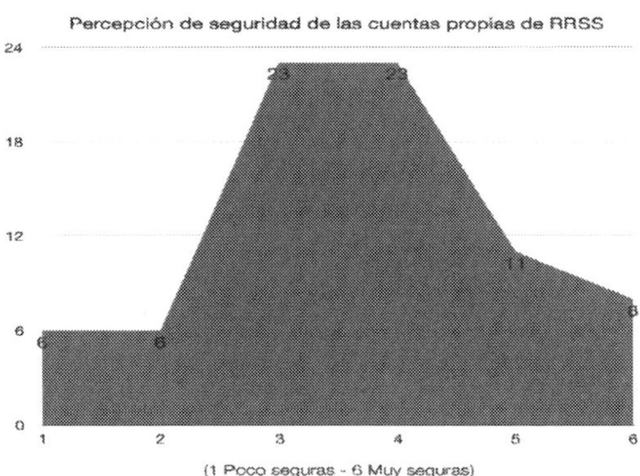

Fuente: elaboración propia.

Gráfica 9

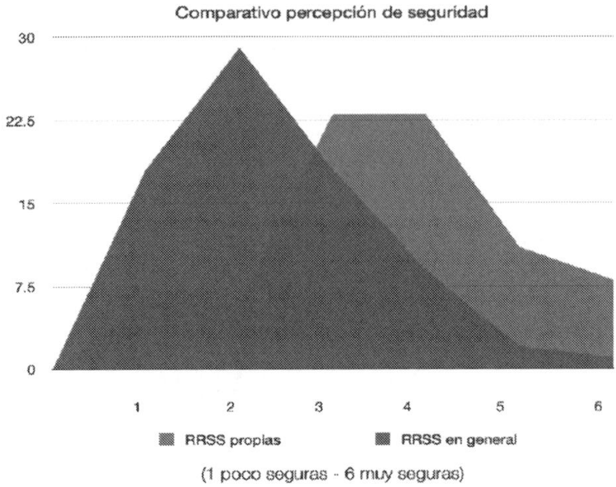

Fuente: elaboración propia.

De acuerdo con los resultados de la encuesta, esta percepción de seguridad puede depender de la opinión que las mujeres tienen del nivel de seguridad de sus contraseñas. Como se muestra en la siguiente gráfica, la mayoría de las mujeres —el 76 por ciento— considera que tiene contraseñas seguras, mientras que solo el 3 por ciento considera que sus contraseñas son inseguras.

Gráfica 10

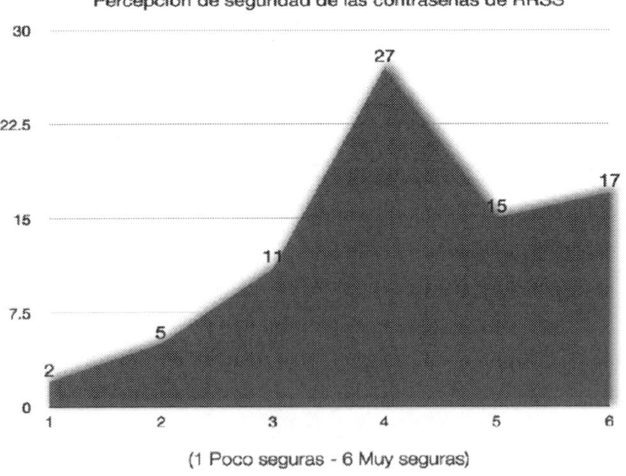

Fuente: elaboración propia.

Del total de mujeres encuestadas, resulta interesante que únicamente el 20 por ciento no conoce y no ha cambiado las configuraciones de privacidad de sus redes sociales. Este dato es relevante pues, de acuerdo con organizaciones dedicadas a la ciberseguridad de las mujeres, una acción para prevenir la violencia digital puede ser editar las configuraciones de privacidad de sus cuentas, con lo cual se puede evitar que personas desconocidas accedan a su información.

Gráfica 11

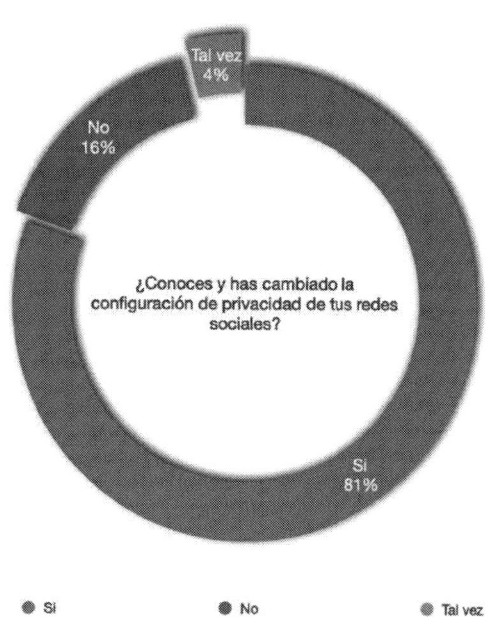

Fuente: elaboración propia.

Como se mencionó en el segundo apartado de esta obra, cuando se hace referencia al derecho a la privacidad, la información que las personas comparten en sus redes sociales es muy importante, y en el caso de las mujeres que se dedican a la política esto resulta especialmente relevante pues algunas de las violencias descritas en el señalado apartado parten de contar con información de las mujeres. Por ello, en la encuesta se preguntó a las mujeres si comparten su información personal, y el 88 por ciento de ellas dijeron no compartir información personal, como domicilio, lugar donde trabajan, escuela de sus hijos e hijas.

Gráfica 12

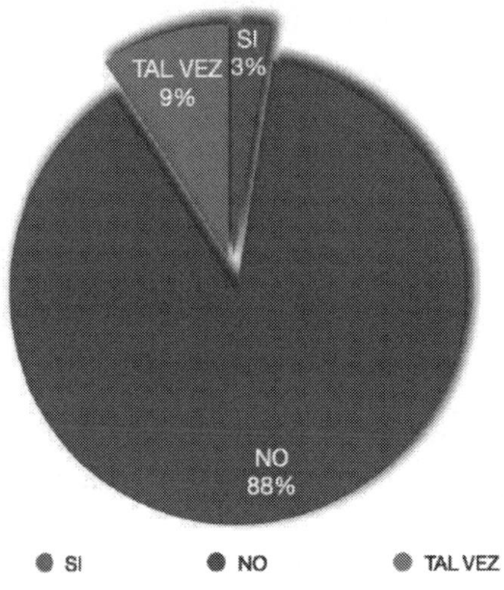

Fuente: elaboración propia.

La quinta sección de la encuesta resulta especialmente relevante, pues tiene el propósito de conocer de manera específica las agresiones que las mujeres que participan en política viven en las redes sociales.

A partir de la información teórica presentada en este apartado, se elaboró una lista de 19 conductas que pueden ser consideradas agresiones o violencias contra las mujeres en las redes sociales, y se preguntó a las participantes si habían experimentado alguna de ellas, y también se dejó un espacio para que ellas pudieran contestar si habían sufrido alguna conducta que no estuviera en la lista, los resultados se muestran en la siguiente gráfica.

Gráfica 13

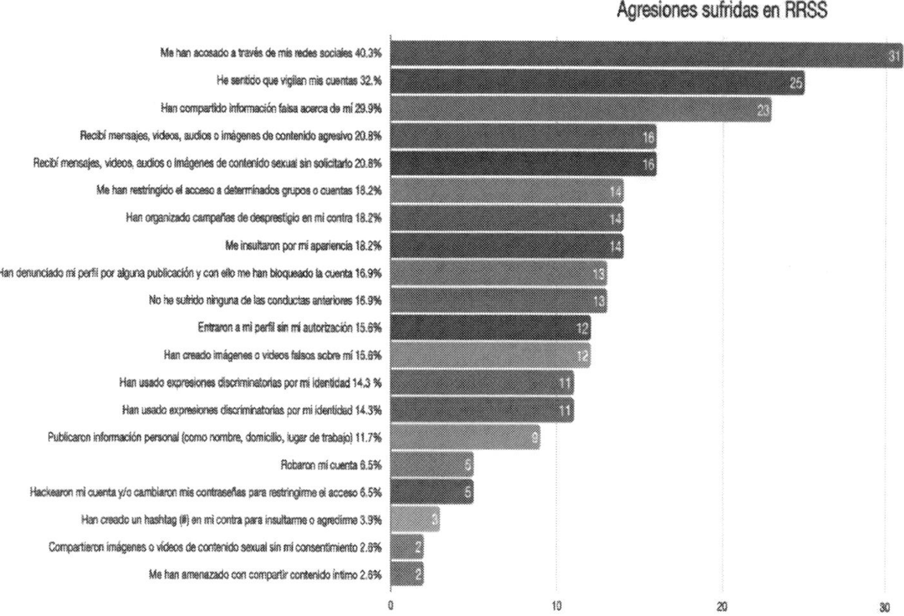

Fuente: elaboración propia.

De la información obtenida se observa que la principal agresión experimentada es el acoso, que fue experimentado por el 40 por ciento de las participantes, seguida por la percepción de vigilancia de sus cuentas con un 32 por ciento. Otra agresión que resulta significativa es compartir información falsa, que representa el 29 por ciento de las respuestas.

Un dato interesante es el relacionado con las agresiones de contenido sexual, que, según lo estudiado son una manifestación de violencia digital muy significativa, pero solo el 2.6 por ciento de las participantes mencionaron haber sido víctimas de compartir sus imágenes sin su consentimiento y el mismo porcentaje recibió amenazas de compartir ese mismo tipo de contenido.

Es importante señalar que la encuesta permitía más de una respuesta, es decir, las participantes podían señalar todas las conductas experimentadas. A partir de las respuestas, se observa que el 23 por ciento manifestó haber experimentado solo una de las conductas descritas, pero resulta significativo que 17 por ciento señaló haber sufrido más de 6 agresiones de las presentadas en la lista.

Gráfica 14

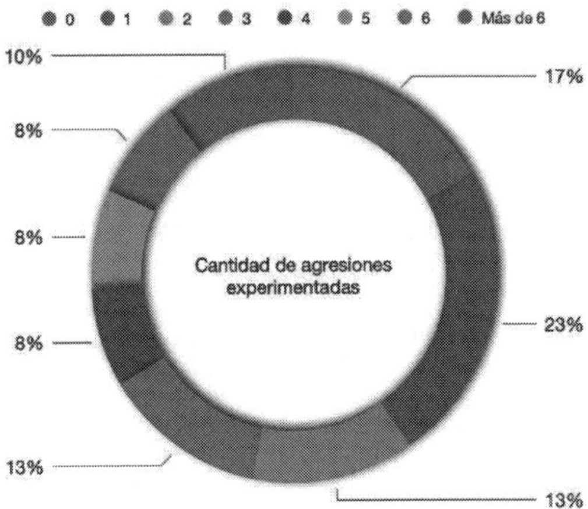

Fuente: elaboración propia.

Como se ha explicado, las redes sociales permiten a las personas usuarias permanecer en el anonimato, y eso favorece las agresiones contra las mujeres, pues los agresores pueden quedar impunes. Por ello, era importante saber si las víctimas conocían a sus agresores, y los resultados de la encuesta confirman la tendencia de que la mayor parte de las agresiones es realizada por personas desconocidas, como se puede observar en la gráfica.

Gráfica 15

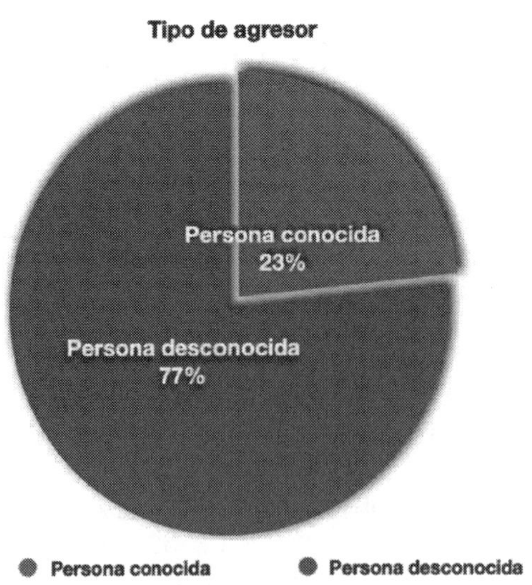

Fuente: elaboración propia.

También era importante conocer si las agresiones sufridas provocaron cambios en la conducta de las usuarias que han sido víctimas. Más de la mitad —el 57 por ciento— de las participantes manifestaron haber hecho cambios.

Gráfica 16

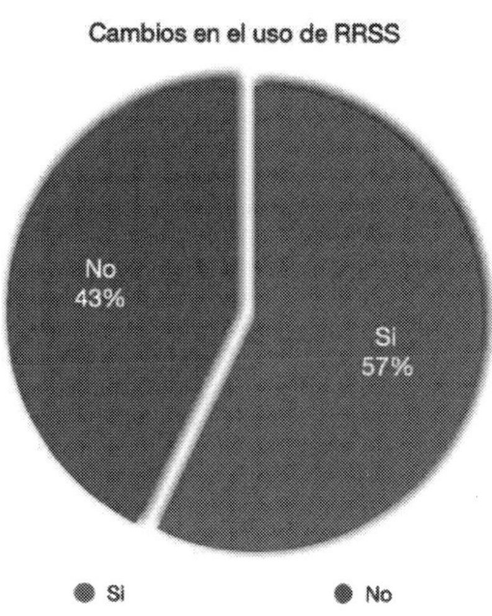

Fuente: elaboración propia.

Para conocer específicamente los cambios realizados, se diseñaron preguntas que presentan efectos que, de acuerdo con la teoría, provocan estos ataques. Estos efectos se dividieron en 2 preguntas, la primera relacionada con acciones en las redes sociales, como cerrar temporal o definitivamente sus cuentas o dejar de seguir, bloquear o eliminar páginas y personas, dejar de publicar contenido, entre otras que se presentan en la siguiente gráfica.

Gráfica 17

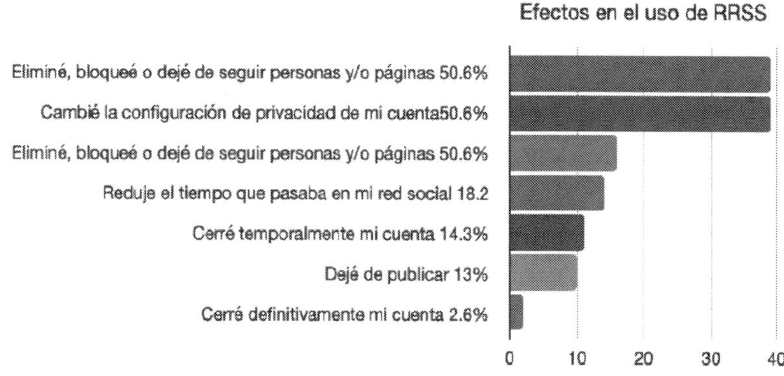

Fuente: elaboración propia.

La pregunta permitía más de una respuesta, pues ante las agresiones las mujeres pueden realizar diversas acciones. Como se observa en la gráfica, son dos las acciones que señalaron con más frecuencia: cambiar la configuración de privacidad de su cuenta y eliminar, bloquear o dejar de seguir personas y páginas realizada por el 50.6 por ciento de las encuestadas.

Además de las consecuencias en los hábitos de uso de redes sociales, las agresiones pueden provocar efectos físicos o psicológicos, y la respuesta de las usuarias fue interesante, pues aumentó el porcentaje de participantes que manifestó que las agresiones tuvieron efectos en su vida, mientras que en la pregunta relacionada con las redes sociales la respuesta positiva fue de 57 por ciento, en relación con cambios físicos fue de 66 por ciento.

Gráfica 18

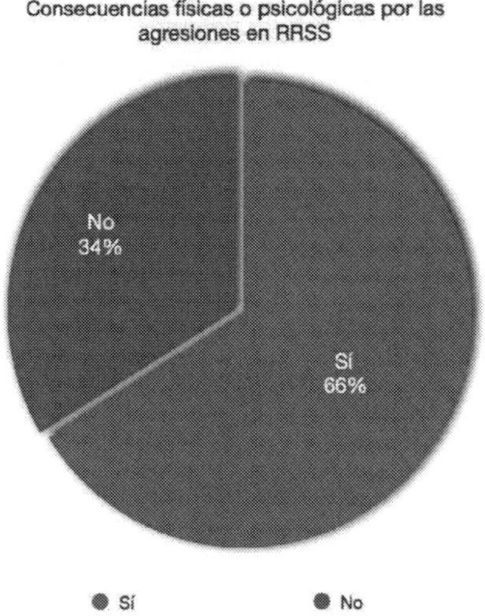

Fuente: elaboración propia.

Como algunas de las preguntas anteriores, en esta se presentó a las participantes una serie de consecuencias posibles de la violencia digital, y también se dejó un espacio para que ellas contestaran alguna otra consecuencia que no estuviera en la lista de respuestas.

Gráfica 19

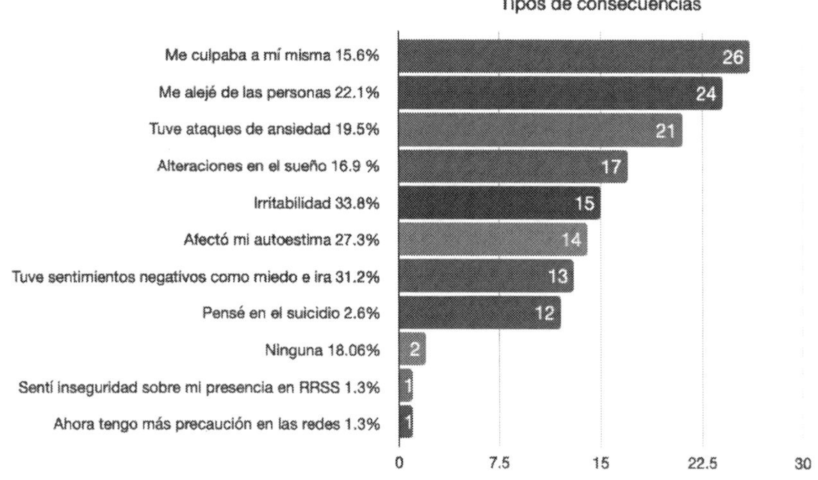

Fuente: elaboración propia.

La principal consecuencia expresada por las participantes fue la irritabilidad, con un 33.8 por ciento de las participantes, seguida por presentar sentimientos como la ira y el miedo con un 31.2 por ciento. Un dato interesante, pero alarmante, es la afectación que estas violencias pueden provocar en la autoestima de las víctimas, pues el 27.3 por ciento de las participantes manifestaron esta afectación.

En la sexta sección de la encuesta, se buscaba conocer las acciones implementadas a partir de las agresiones que las participantes pudieron sufrir. Los resultados nos muestran que la mayoría efectivamente realizó alguna acción, pues solo el 24.6 por ciento manifestó no haber hecho nada.

Entre las acciones que emprendieron las víctimas, la principal fue bloquear a sus agresores, lo cual es coincidente con la pregunta realizada anteriormente en relación con las consecuencias en el uso de las redes sociales. También resulta importante la respuesta de las usuarias en relación con las denuncias o quejas ante las propias redes sociales, pues manifiesta que las usuarias conocen estos canales de denuncia y lo han implementado; el 33.8 por ciento expresó haber hecho denuncias ante la red social en la que sufrió la agresión.

Gráfica 20

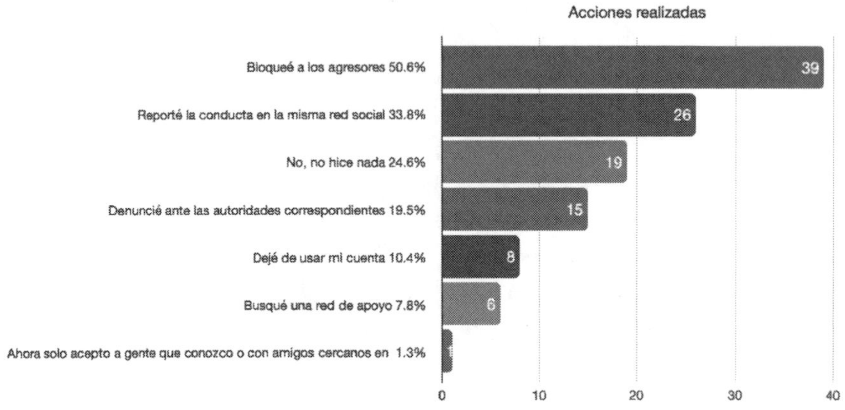

Fuente: elaboración propia.

De las usuarias que señalaron haber denunciado ante la red social, resultaba interesante conocer las redes sociales que utilizan, por ello, al relacionarla con la pregunta correspondiente, resultó que el 58 por ciento utiliza las 3 redes sociales estudiadas en esta investigación, es decir FB, IG y TW, el 12 por ciento solo utiliza FB, el 15 por ciento utiliza FB e IG, el 8 por ciento FB y TW y el 8 por ciento utiliza solo IG, lo que significa que el 92 por ciento de las participantes utiliza Facebook.

Gráfica 21

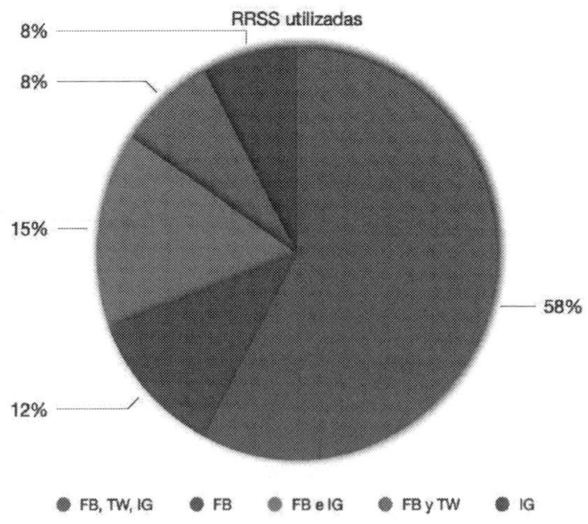

Fuente: elaboración propia.

Ahora bien, no era suficiente con saber si habían realizado alguna acción, también era importante conocer si esta acción había prosperado, por ello, la siguiente pregunta se relaciona con el trámite dado a sus acciones.

Gráfica 22

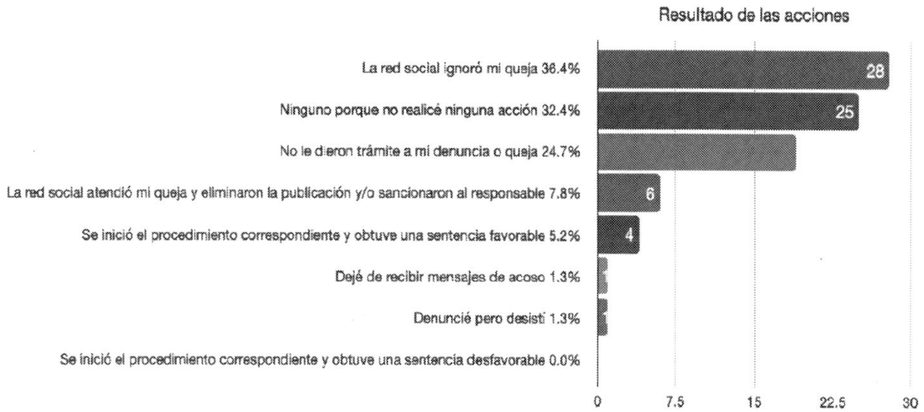

Fuente: elaboración propia.

Finalmente, se consideró importante conocer la opinión de las participantes sobre las acciones que se pueden implementar para evitar las agresiones en estos espacios. Cerca de la mitad de las participantes expresaron que se necesita legislar y tipificar las conductas, lo cual manifiesta el desconocimiento que se tiene en relación con este aspecto, pues como se explica en el apartado correspondiente, la violencia digital ya se encuentra regulada, tanto en el Código Penal Federal y el de la mayoría de las entidades federativas, y también en la Ley General de Acceso de las Mujeres a una vida libre de violencia.

Los datos de esta respuesta también muestran el desconocimiento que se tiene en relación con la regulación de las redes sociales, pues, como se señala en el siguiente apartado, regular y legislar estos espacios sin tener conocimiento pleno de sus características puede tener un efecto negativo, en términos generales, es mejor no regular, que regular mal.

El 25 por ciento de las participantes considera que una medida efectiva es implementar medidas de ciberseguridad, lo cual es coincidente con las respuestas anteriores. Es cierto que estas medidas son útiles y necesarias, sin embargo, consideramos que no es adecuado pensar en esta como una solución, pues deja la responsabilidad de su seguridad a las mujeres.

Gráfica 23

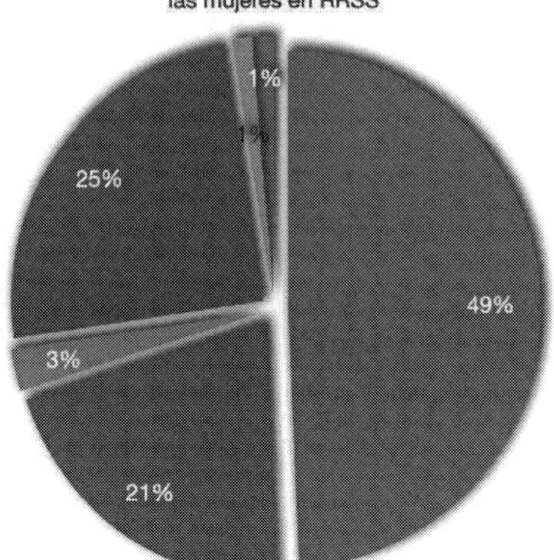

- Legislar y tipificar las conductas 49.4%
- Imponer sanciones a las empresas de redes sociales 20.8%
- Imponer sanciones a las empresas prestadoras de servicios de internet 2.6%
- Dejar de usar redes sociales 0.0%
- Implementar medidas de ciberseguridad en mis cuentas 24.7%
- Ninguna 1.3%
- Educación para la ciudadanía 1.3%

Fuente: elaboración propia.

A lo largo de este apartado se han analizado las diversas formas a través de las cuales son violentadas dentro de las redes sociales las mujeres que participan en política. Aunque es un tema que aún no se agota y que requiere mayor análisis, tanto los estudios teóricos, como el trabajo empírico, revelan que la violencia política contra las mujeres en medios digitales está cobrando relevancia, y que de hecho, será un factor importante en las futuras elecciones.

Además de lo anterior, los resultados aquí presentados muestran la necesidad de enfocar acciones, para combatir, y en su caso, sancionar estas conductas, algunas de estas acciones se analizan en el siguiente apartado.

Capítulo 4

Regulación de la violencia política en redes sociales

4.1. LA NECESIDAD Y COMPLEJIDAD DE REGULAR LAS REDES SOCIALES

La información sobre las agresiones que pueden ocurrir dentro de las redes sociales, estudiada con anterioridad, refleja la necesidad de regular estos espacios, no obstante, esta regulación no resulta sencilla. Diversas estrategias se han implementado con este propósito, sin embargo, no hay una respuesta única y definitiva, pues los desafíos que presenta esta regulación dependen de muchos factores, tales como la región geográfica y con ello el sistema jurídico de cada lugar, las propias características de las redes, la intervención de múltiples actores, los intereses públicos y privados, entre otros.

En ese mismo orden de ideas, no se puede hablar de una regulación que abarque todos los aspectos problemáticos en estos espacios —que pueden ser, entre otros, técnicos, sociales y jurídicos— pues, como se ha analizado, las violencias que se producen en las redes sociales pueden ser de muy diversos tipos, desde los que abarcan aspectos de seguridad, hasta los que tienen que ver con el contenido de los mensajes, como el discurso de odio.

La regulación de Internet y de las redes sociales no es un tema reciente, desde su surgimiento se han tomado medidas para controlar los contenidos que se publican en estos espacios, sin embargo, con hechos recientes —como el bloqueo de la cuenta de Twitter del entonces Presidente de los Estados Unidos, Donald Trump—, han hecho que el tema cobre relevancia.[159]

---

159 Una noticia que ha puesto la atención en Twitter es la compra millonaria de esta red por parte de Elon Musk. A partir del anuncio de esta decisión, se ha especulado mucho acerca del futuro que le espera a esta plataforma, pero más aun, de los efectos que esta compra puede tener en la libertad de expresión de las personas usuarias. Aunque basta con googlear "Elon Musk Twitter", para obtener una gran cantidad de resultados, aquí se puede leer una nota sobre los posibles beneficios

Y antes de seguir, conviene hacer una precisión en cuanto al uso del término "regulación" pues, para las y los abogados, este término puede estar relacionado exclusivamente con la legislación, sin embargo, en este apartado, y en el documento en general, es utilizado de forma más amplia, y se refiere a todos los mecanismos que se utilizan para moderar, controlar o vigilar lo que se publica en las redes sociales. Estos mecanismos pueden incluir, por supuesto, legislación, tanto nacional como internacional, pero también incluye aspectos técnicos o mecanismos automatizados, entre otros.

4.2. MODERACIÓN, REGULACIÓN, CO-REGULACIÓN

Entre las formas en las que se pueden regular las redes sociales se pueden mencionar tres formas principales, la moderación o también llamada autorregulación, que se refiere a la manera en la que las propias plataformas de redes sociales controlan el contenido que se publica en ellas, la regulación en sentido estricto o regulación externa, que es la que hacen agentes externos —generalmente los Estados—, y la co-regulación que, busca que los principales agentes involucrados —empresas de redes sociales, los Estados y la sociedad (tanto personas usuarias de manera individual, como la sociedad en colectivo)— puedan participar de manera coordinada en la regulación.

En relación con la moderación, vale la pena señalar que no es una actividad nueva, pues desde su inicio, estas empresas de redes sociales han implementado acciones para restringir las publicaciones de las personas usuarias que incumplan con sus normas, las cuales, pueden imponer, incluso, más restricciones que ciertas legislaciones.[160] Son las propias redes sociales quienes establecen tanto los requisitos que las personas deben cumplir para poder ser parte de su comunidad, es decir, para ser usuarias de sus redes sociales, como las restricciones que se imponen a sus publicaciones.

---

de esta compra https://www.techdirt.com/2022/04/25/ways-in-which-elon-musks-twitter-takeover-could-be-good/

160 Por ejemplo, en Facebook los desnudos no están permitidos, aunque esta no es una actividad ilicita o que tenga restricciones. Las Normas comunitarias de Facebook específicamente señalan "Restringimos la exhibición de desnudos o actividades sexuales porque este tipo de contenido puede resultar sensible para algunas personas de nuestra comunidad", las normas comunitarias completas se pueden consultar en: https://www.facebook.com/communitystandards/

Estas restricciones pueden obedecer a muchas razones, entre ellas las comerciales, por ello, estas empresas favorecerán las normas que sean más adecuadas en relación con su modelo de negocios.

Otra de las razones que puede influir en las decisiones de moderación de las redes sociales es la percepción de las personas usuarias y de los Estados referente a las conductas violentas que pueden ocurrir en ellas.

En relación con las violencias contra las mujeres, un buen ejemplo de políticas implementadas para contrarrestarla —específicamente pornografía no consensuada— es el "Programa piloto sobre imágenes íntimas no consensuadas" de Facebook, a través del cual, se busca evitar la difusión de estas imágenes.[161]

Otra modificación a las políticas de moderación que ha implementado Facebook (y también Instagram, pues ambas redes sociales tienen un mismo propietario) tiene que ver con la creación del Consejo Asesor de Contenido, que es un órgano autónomo integrado por personas expertas en libertad de expresión, que recibe apelaciones sobre las decisiones tomadas por la plataforma respecto a la eliminación o mantenimiento de publicaciones problemáticas. "Las decisiones del Consejo de ratificar o revertir las decisiones de contenido de Facebook serán vinculantes, lo que significa que Facebook deberá implementarlas, a menos que hacerlo suponga infringir la ley." Al momento de la redacción, se han emitido 23 decisiones, que vinculan a diversos países y sobre una variedad de temas, entre los más comunes: incitación al odio, personas peligrosas y libertad de expresión.[162]

La creación de este Consejo ha sido cuestionada, como señala Klonik "muchos ven la creación del Consejo por parte de Facebook como una muestra de autorregulación para evitar la regulación gubernamental real."[163] Y es un hecho que este Consejo presenta grandes desafíos y se crea en un contexto de desconfianza, sin embargo, también podemos ser optimistas y pensar que este Consejo puede ser un paso para mejorar la forma en que Facebook investiga, diseña y construye sus otros productos.

---

161 Para mayor información sobre este programa se puede consultar el siguiente enlace https://www.facebook.com/safety/notwithoutmyconsent/pilot

162 Las decisiones de este consejo pueden consultarse en el siguiente enlace https://oversightboard.com/?page=decision

163 Klonick, K., "The Facebook Oversight Board: Creating an Independent Institution to Adjudicate Online Free Expression", *The Yale Law Journal*, 129(8), 2020, p.p. 2232-2605. https://papers.ssrn.com/sol3/papers.cfm?abstract_id=3639234 p. 2488.

Además, Facebook ha implementado otras estrategias para mejorar la moderación del contenido en su plataforma y acercarse a las demandas de las y los usuarios y actores políticos. Comenzando en abril 2018 publicó un compendio de las consideraciones que sus moderadores usan para decidir qué tipo de contenido debe ser removido.[164]

Otro aspecto interesante a resaltar acerca de Facebook, es que está buscando hacer mucho más transparentes sus procesos, parte de ello, va en torno a la publicación semestral de información relacionada con diversos temas, entre los que están las solicitudes de restricciones de contenido, y un dato interesante es que en los últimos tres semestres publicados (enero-junio 2020, julio-diciembre 2020, enero-junio 2021), México se encuentra entre los 3 primeros lugares.[165]

En temas electorales, estos informes señalan que en el semestre enero-junio de 2021, en México, se restringieron 175 publicaciones que violaban la legislación electoral, reportadas por el INE.[166]

Otra de las redes sociales estudiadas en esta investigación es Twitter, la cual también ha hecho modificaciones en sus políticas de moderación de contenido, inicialmente poniendo mensajes de advertencia en las publicaciones con contenido sospechoso, y bloqueando cuentas de usuarios; el bloqueo más famoso, sin duda, el de la cuenta del entonces Presidente de los Estados Unidos Donald Trump (@realDonaldTrump).[167]

La moderación de contenido es una actividad que puede hacerse con sistemas automatizados o con monitoreo humano. En cuanto a los sistemas automatizados, a través de tecnologías algorítmicas, todos los días las redes sociodigitales etiquetan, suspenden o cancelan miles de cuentas que difunden noticias falsas o discursos de odio, pero sus términos y condiciones no siempre son claros ni transparentan sus decisiones.

---

164 Wong, J. C., & Solon, O., "Facebook releases content moderation guidelines – rules long kept secret". *The Guardian*, 2018, https://www.theguardian.com/technology/2018/apr/24/facebook-releases-content-moderation-guidelines-secret-rules

165 En enero-Junio 2020 se situó en la posición número uno, en julio-diciembre 2020 en la posisión dos, solo después de Brasil y enero-Junio 2021 también ocupó la posición número dos, después de Alemania.

166 https://transparency.fb.com/data/content-restrictions/country/MX/

167 Para mayor información, se puede consultar el siguiente enlace https://www.nytimes.com/es/2021/01/18/espanol/twitter-bloqueo-censura-trump.html

Los algoritmos no siempre son suficientes para identificar contenidos engañosos o de odio, pero constituyen un recurso inicial para atajarlos. Aunque en ocasiones los sistemas automatizados se presentan como la mejor solución, la realidad es que estos no tienen la capacidad de resolver el problema de manera adecuada, pues si la moderación se deja en manos de aplicaciones automatizadas estas privilegiarán los incentivos de las plataformas, las cuales buscarán evitar la imposición de responsabilidades, lo que resultará en acallamiento de expresiones que no solo son legales, sino que no van en contra de los términos de uso de las plataformas mismas.

Las plataformas de redes sociales, cuando realizan esta actividad de moderación actúan como entes de gobierno, pues las decisiones que toman impactan en el ejercicio de los derechos de las personas usuarias.[168]

Entonces, si la moderación o autorregulación no resuelve el problema, ¿qué se puede hacer? La co-regulación se presenta como el camino más adecuado, pues es importante alcanzar un equilibrio en la regulación de contenidos en línea, de manera que coexistan la autorregulación que puedan hacer las propias plataformas y las acciones del Estado, las cuales deben estar dirigidas a la protección de los derechos humanos de las personas usuarias frente a decisiones y políticas de actores que amenacen con coartar la libertad de expresión.

Sin importar qué tipo de regulación se decida utilizar, es esencial que las medidas que se implementen tomen en cuenta las diferentes formas de violencia en línea contra las mujeres y las niñas, al tiempo que se respeta el derecho a la libertad de expresión, incluido el acceso a la información, el derecho a la privacidad y la protección de los datos, así como los derechos de las mujeres que están protegidos por el marco internacional de derechos humanos.[169]

Si no se toma en cuenta lo anterior, se puede generar un aumento de la discriminación sexual y por razón de género, y de la violencia contra las mujeres y las niñas.

Por la naturaleza jurídica de esta obra, aunque se han hecho pequeñas referencias a cuestiones técnicas, a partir de ahora, me enfoco en las propuestas normativas que se han implementado en diversas regiones del

---

168 Klonick, K., "The new governors: The people, rules, and processes governing online speech", *Harv. L. Rev.*, 2017, 131, 1598. https://papers.ssrn.com/sol3/papers.cfm?abstract_id=2937985

169 Informe ONU, 2018.

mundo, pues de acuerdo con sus sistemas jurídicos, cada país y región ha implementado normas distintas, tanto en su contenido, como en la forma de creación.

Como ya ha quedado señalado, regular las redes sociales es necesario, sin embargo, se debe tener mucho cuidado con la regulación que se pretende aplicar, pues una mala regulación puede ser peor que no contar con ninguna.

Las redes sociales no son iguales, por ello, un aspecto que se debe tomar en cuenta es que no todas las plataformas de redes sociales cuentan con la misma cantidad de usuarios, ni el mismo capital económico, en consecuencia, no se puede establecer una regulación que no tome en cuenta estas diferencias, pues se estarían generando desigualdades que le impedirían a las empresas pequeñas competir y desarrollarse como las grandes potencias de redes sociales.

En ese sentido, se puede afirmar que "una regulación inteligente es aquella que no pone cargas excesivas a actores que, por su desarrollo y características no pueden cumplirlas, considerando de manera adecuada y diferenciada a las grandes plataformas de contenidos, respecto de aquellas que sean de menor porte o estén direccionadas a finalidades específicas."[170]

En relación con la regulación externa, las medidas implementadas tienen que ver con la creación de leyes que imponen obligaciones a las propias redes sociales, a entes estatales e incluso a las personas usuarias.

Si bien, como señala Herrán:

> "la regulación por medio de legislación está lejos de ser la solución ideal al problema. Tiende a favorecer a los grandes competidores a expensas de los pequeños, no logra la efectividad que se plantea, crea procedimientos que pueden ser abusados por personas usuarias mal intencionadas, genera un efecto acallador de la expresión y lacera los valores de la libertad de expresión y el derecho a la información."[171]

Hasta el momento, esta ha sido una estrategia necesaria.

---

170 Observacom et al., *Estándares para una Regulación Democrática de las Grandes Plataformas que Garantice la Libertad de Expresión en Línea y una Internet Libre y Abierta*, 2020, disponible en https://www.observacom.org/estandares-para-una-regulacion-democratica-de-las-grandes-plataformas-que-garantice-la-libertad-de-expresion-en-linea-y-una-Internet-libre-y-abierta/. P. 10

171 DÍAZ RODRÍGUEZ, VANESSA, y otros, Retos y Desafíos Jurídicos de las Tic, editorial DIKAIA e INFOTEC, 2022.

Aunque en este apartado no se puedan mencionar de manera exhaustiva todas las leyes o propuestas de leyes que han surgido en todo el mundo, se hará referencia a las que son más relevantes para este estudio, entre las que están la de Estados Unidos por la importancia y relevancia que la regulación en este país ha tenido en la regulación de todos los demás países; la de Europa, pues en este continente han surgido importantes iniciativas como la Alemana; la de América Latina, por ser la región en la que México se encuentra, haciendo referencia a nuestro país de manera específica.

4.3. ESFUERZOS POR REGULAR LAS REDES SOCIALES

4.3.1. Estrategias implementadas en EUA

No es posible hablar de regulación de redes sociales en Internet sin hacer referencia a la Sección 230 de la Ley sobre Decencia en las Comunicaciones.[172]

Esta surge a partir de la necesidad de actualizar el marco normativo sobre responsabilidad ante la llegada de Internet.

Como ya se ha mencionado, Internet ha revolucionado muchos aspectos de la vida, entre ellos las normas jurídicas, en el caso específico, las relacionadas con las responsabilidades de los proveedores de servicios.

De manera muy sintetizada, lo que establece este breve texto legal es que los proveedores de servicio computacional interactivo no son responsables por el contenido que se publica en sus plataformas siempre que sea otra persona quien ha generado ese contenido.

Esta disposición ha permitido el desarrollo de las redes sociales como las conocemos, pues estas plataformas han logrado tener el auge que tienen actualmente gracias a que las personas usuarias pueden publicar el contenido que deseen —siempre y cuando no infrinja las propias normas comunitarias de la red— sin que las plataformas sean sancionadas por ello.

El 2 de febrero de 2021, el Gobernador de Florida Ron DeSantis anunció una propuesta legislativa en la Casa de Representantes de Florida ti-

---

[172] Esta sección señala: "Ningún proveedor o usuario de un servicio computacional interactivo será tratado como editor o hablante de cualquier información proporcionada por otro proveedor de contenido de información" Telecomunications Act of 1996, Public Law 104-104-FEB-8, 1996.

tulada "Transparency in Technology Act". Entre los fines que se propone esta norma están: obligar a las grandes empresas tecnológicas a publicar los criterios utilizados en sus procesos de filtro para eliminar contenido y usuarios, garantizar un acceso equitativo a organizaciones periodísticas y candidatos electorales sin interferencia de algoritmos, eliminar el cese arbitrario de usuarios, permitir a los usuarios renunciar a algoritmos y garantizar un nítido consentimiento por parte de los usuarios cada vez que la plataforma modifique sus condiciones de uso.[173]

4.3.2. Propuestas en Europa

Cuando hacemos referencia a la legislación europea en materia de libertad de expresión en Internet, es necesario mencionar los artículos 12 al 14 de la Directiva Europea de Comercio Electrónico, relacionados con la responsabilidad por contenido de terceros, dicha legislación atiende a las bases anteriormente sentadas por la Sección 230 de los Estados Unidos, las cuales establecen un régimen de responsabilidad intermedia que brinda un grado de inmunidad a aquellos que participan como intermediarios.[174]

Este régimen de responsabilidad intermedia puede generar algunos problemas, entre ellos, los que tienen que ver con aspectos económicos, pues algunas legislaciones nacionales (como la alemana), establecen mayores restricciones a las plataformas, por lo cual estas prefieren eliminar el contenido que pueda ser problemático, incluso ante un procedimiento aparentemente transparente y justo, en palabras de Keller:

> "El camino más fácil, económico y que evita más riesgos para cualquier intermediario técnico es simplemente procesar una solicitud de eliminación y no cuestionar su validez. Una empresa que adopta un enfoque de "en caso de duda, elimínelo" puede ser simplemente un actor económico racional. Las empresas pequeñas sin el presupuesto para contratar abogados, o aquellas que operan en sistemas legales con protecciones poco claras, pueden ser particularmente propensas a tomar esta ruta."[175]

173 "De Santis Goes After Big Tech in Proposed Transparency in Technology Act", Florida Political Review (disponible en: http://www.floridapoliticalreview.com/desantis-goes-after-big-tech-in-proposed-transparency-in-technology-act/

174 Julià-Barceló, R., & Koelman, K. J., "Intermediary liability: intermediary liability in the e-commerce directive: so far so good, but it's not enough" *Computer Law & Security Review*, 16(4), 2000, 231-239.

175 Keller, D., "Empirical Evidence of 'Over-Removal'by Internet Companies under Intermediary Liability Laws", *The Center for Internet and Society at Stanford Law School*,

Lo anterior nos muestra cómo las plataformas más grandes, con mayor cantidad de personas usuarias y que tienen los recursos para contratar importantes equipos de trabajo, cuentan con ventajas frente a las plataformas pequeñas. Es así, como en la regulación misma se visibiliza un trato diferenciado, lo cual puede generar un efecto doble: mayor dificultad competitiva para plataformas pequeñas o nacientes que beneficia a los grandes actores como Facebook; y vulneración del derecho a la libertad de expresión de las personas usuarias.

Otro instrumento legal importante en Europa es el Reglamento General para la Protección de Datos (GDPR por sus siglas en inglés), el cual es de aplicación obligatoria desde mayo del año 2018. Su propósito va en torno a la protección de la privacidad y la seguridad de la ciudadanía europea, a través de la regulación del tratamiento de la información, es así, como se imponen al respecto diversas obligaciones a las personas, ya sea de carácter público o privado, que manejan bases de datos relacionados con la población europea. En ese sentido, hay que señalar que su observancia es global, toda vez que los sujetos obligados definidos por esta Ley creada por la Unión Europea, son todos aquellos que posean o traten datos de ciudadanos y ciudadanas europeas.

Es importante señalar que algunos de los puntos centrales de la legislación creada en Europa respecto del uso del Internet, son: la protección a la privacidad y la dignidad de las personas. Por lo que todas aquellas obligaciones relativas a la guarda y protección de la información personal se tratan de manera transversal, ello, a través de la regulación del uso de las plataformas de redes sociales, mediante la aplicación de normas relacionadas con las personas usuarias y su información, así como todos los metadatos y publicidad generada.

Desgraciadamente, esta legislación, a pesar de sus innovaciones no obtuvo el efecto deseado en el combate a la desinformación y "*fake news*" en redes, y no impactó de la forma esperada en las problemáticas comunes en redes sociales, como el de odio y la manifestación e incitación de las violencias, por lo que se ha requerido de legislación específica.

En ese sentido, es importante mencionar el caso de Alemania, en donde se promulga, en junio de 2017, la Netzwerkdurchsetzungsgesetz —Ley para Control de la Red o Net Enforcement Act o NetzDG, la cual entra en vigor en

---

2015. http://cyberlaw.stanford.edu/blog/2015/10/empirical-evidence-over-removal-internet-companies-under-intermediary-liability-laws

enero de 2018, y su propósito era combatir justamente el discurso de odio, así como la desinformación en el país, imponiéndose diversas obligaciones a las redes sociales, incluyendo severas multas ante su incumplimiento.

> "Una de las principales obligaciones que esta ley impone a las plataformas es la de contar con un procedimiento relacionado a las quejas de las personas usuarias respecto del contenido, por lo que las insta a asegurarse que todo contenido que sea evidentemente ilegal debe ser removido en menos de 24 horas subsecuentes a la presentación de la queja presentada, si el contenido no fuera evidentemente ilegal, el tiempo en que deberá de removerse el contenido se amplía a 7 días, en ese sentido, las multas son altas ante el incumplimiento, pudiendo el monto alcanzar los cinco millones de euros."[176]

Aunque los plazos establecidos por este instrumento jurídico parecen razonables, y si los pensamos del lado de las víctimas, es decir, quienes han sido afectadas con determinado contenido, al pensarlo desde la perspectiva de la propia red social, considerando los aspectos económicos —evitar las multas establecidas— resulta más rentable simplemente eliminar los contenidos denunciados, sin hacer un estudio puntual de ellos. Lo cual puede provocar el abuso de las personas usuarias mal intencionadas, cuya presentación de quejas sin fundamento sería una posibilidad.

Aunque es posible solicitar la apelación mediante la revisión de la remoción de contenido por un ser humano, este proceso puede llevar un tiempo considerable, tomando en cuenta la capacidad de la plataforma para recepcionar dichas solicitudes visibilizando las ventajas de las plataformas grandes sobre las pequeñas para atenderlas de manera más eficiente, ante la capacidad de contratar mayor número de personal para moderar de manera directa a través de humanos, "No obstante que esta ley no le da el mismo tratamiento a todas las redes sociales, sino que establece que algunas reglas son aplicables solo a las más grandes —que tienen más de dos millones de personas usuarias—, y hay otras reglas que aplican para todas las redes."[177]

Pese a los aspectos novedosos e interesantes que presenta esta ley, autores como Schulz consideran que violenta disposiciones como las de la Directiva de Comercio Electrónico de Europa, y lesiona derechos humanos que están reconocidos dentro de diversos instrumentos de carácter internacional, sobre todo, aquellos relativos a la libertad de expresión.

---

176 Schulz, W., "Regulating intermediaries to protect privacy online–the case of the German NetzDG. Personality and Data Protection Rights on the Internet", *Forthcoming*, 2018, p. 6.

177 *Idem*, p.5.

Heldt[178] llevó a cabo la documentación del número de quejas presentadas por la plataforma, es así como enlista para 2018 los datos siguientes: Twitter recibió 521,280, Youtube 465,787 y Facebook 1,386 quejas totales en el año. Al respecto, la autora permite ver, de manera sorprendente, como Facebook, a pesar de tener el mayor número de usuarios, cuenta también con el menor número de quejas.

Esto pude explicarse porque dicha plataforma cuenta con un procedimiento propio para el tratamiento de quejas relacionadas con las publicaciones, el cual es interno y está gobernado por los términos de uso de la misma plataforma, por lo que se hace difícil saber cuál es la efectividad que el procedimiento interno tiene realmente, toda vez que Facebook no está obligado a incluir tal información en sus reportes.

Uno de los puntos negativos de los que los expertos hablan en cuanto al NetzDG es que en su aplicación, pueden existir posibles violaciones constitucionales al proceso y a la libertad de expresión.

La NetzDG impone una obligación que resulta muy importante a las plataformas, esta es que deben publicar reportes que incluyan la información completa alrededor de las quejas recibidas, así como las resoluciones y acciones efectuadas al respecto, lo que podría coadyuvar a la transparencia en cuanto a las actividades relacionadas con la moderación al interior de las redes sociales sobre la publicación de contenido. La importancia de dicha medida, va en torno a la necesidad de que las y los investigadores cuenten con información y datos certeros alrededor de las prácticas al interior de las redes sociales, para con ello, analizar la efectividad y el impacto de la legislación en comento.

A grandes rasgos el NetzDG no cuenta con importantes deficiencias, incluso aporta la obligatoriedad de brindar transparencia en los procesos, convirtiéndose en un elemento básico de los planteamientos nuevos de regulación en cuanto a la moderación de contenido, siendo esencial que las y los usuarios, así como el cuerpo legislativo puedan conocer a detalle qué procedimientos existen, cómo son los criterios con los que se toman decisiones alrededor de las quejas, así como las consecuencias de la remoción de contenido en las plataformas de redes sociales.

---

178 Heldt, A., "Reading between the lines and the numbers: an analysis of the first NetzDG reports", *Internet Policy Review*, 8(2), 2018.

Dado el análisis respecto a la NetzDG, podemos señalar que su influencia en otros países ha sido muy importante, toda vez que sienta las bases para la regulación de las redes sociales, además de que permite transparentar el procedimiento acerca de la moderación de contenido, por lo que suma esfuerzos en el combate al discurso de odio y la desinformación.

En ese sentido, podemos ejemplificar a países como Francia, en donde su Parlamento publicó una Ley en contra del odio en Internet, propuesta por el Partido del Presidente Macron, cuya finalidad era la de "poner fin a la impunidad en las redes sociales" ya que "no hay razón por la que comentarios que no serían tolerados en un autobús, café o escuela — básicamente en la vida real — deban ser tolerados en un sitio web o en la red",[179] Dicha legislación, sin embargo, contaba con algunos preceptos que fueron considerados como inconstitucionales.

El Consejo encontró que la ley no cumplía con ciertos requisitos necesarios, como lo son el de necesidad, idoneidad y proporcionalidad, siendo afectada la libertad de expresión ante sus restricciones, si bien, este tipo de legislaciones cuentan con un buen fin en su creación, pueden producir efectos negativos para la sociedad, toda vez que coartan el libre ejercicio de la expresión, así como el derecho de acceso a la información de la población.

Durante la redacción de este apartado, se publicó la noticia[180] de que la Unión Europea llegó a un acuerdo sobre una legislación histórica, la llamada DSA *(Digital Services Act)* que exigirá a las empresas de redes sociales y otros servicios en Internet, que vigilen sus plataformas en busca de contenido ilícito, en caso contrario se les podrían imponer multas millonarias, con ello, estas empresas se verían obligadas a establecer nuevas políticas y procedimientos para eliminar el discurso de odio, la propaganda terrorista

179 Breeden, A. "France Will Debate a Bill to Stop Online Hate Speech. What's at Stake?", *The New York Times*, 2019, https://www.nytimes.com/2019/07/01/world/europe/france-bill-to-stop-online-hate-speech.html

180 https://www.nytimes.com/2022/04/22/technology/european-union-social-media-law.html?unlocked_article_code=AAAAAAAAAAAAAAAACEIPuonUktbfqYhkTFUZASbJUNMnqBqCgvfeh7EhnHjmISGTDCtEzuMTRpO-H8EbEYe9matcy1nGfTcAHMKMqQLY66N5jCHFXalvipIqYytNCKj8pqIm3U-yRqg5yXALln-3qxMTCwbbojyeX67h_Zbn26C6PU03Irc11kp5J1ZBr9jyxzs6TB-GuB-2Nd52e5wRcwpAGddO1TZ-qXgGB58O96ZbxzD6QNQWu1RWz3bm-dD0-KtXOUwJSgqAFCUjlD56vNBMO9oXP7L9Kwoifqf8hbYQDm9vJeS5FunW-XATgDEKxxAL1 A2ephPc&referringSource=articleShare

y otros materiales señalados como ilegales por los países de la Unión Europea.

Daphne Keller[181] publicó un comentario en relación con esta ley, ella señala que las disposiciones de la DSA pueden dividirse en dos grupos generales: (1) obligaciones de cumplimiento prescriptivo para la mayoría de los intermediarios y (2) nuevos mecanismos regulatorios importantes para las VLOP (*Very Large Online Platforms*).

Esta ley establece diferentes obligaciones para las empresas o plataformas de acuerdo con su tamaño y capacidad económica, en ese sentido, las pequeñas empresas pueden ser las que cuentan con menos de 50 empleados y menos de 10 millones de euros de facturación anual, las medianas empresas, definidas como las que tienen hasta 250 empleados y 50 millones de euros y las grandes son las que tienen más de 45 millones de personas usuarias en la Unión Europea.

Aunque no es posible escribir mucho más sobre esta nueva ley, será importante tomarla en cuenta, pues es una realidad que diversos países —entre ellos México—, podrán copiar estas disposiciones.

4.3.3. Propuestas en América Latina

En nuestra región, en 2020 se publicó "Estándares para una regulación democrática de las grandes plataformas que garantice la libertad de expresión en línea y una Internet libre y abierta", documento en el cual se establecen una serie de principios que, de acuerdo con las organizaciones involucradas, deben ser aplicados en América Latina para lograr procesos de moderación privada de contenidos compatibles con los estándares internacionales de derechos humanos.

De manera específica, señala 7 ejes sobre los cuales se deben enfocar los esfuerzos de regulación, estos son:

1. Alcance y carácter de la regulación
2. Términos y condiciones de servicio
3. Transparencia
4. Debido proceso
5. Derecho a defensa y apelación

181 https://cyberlaw.stanford.edu/blog/2022/04/what-does-dsa-say-0

6. Rendición de cuentas
7. Co-regulación y regulación

Entre los aspectos más relevantes de este documento están la obligatoriedad de que las disposiciones de regulación se encuentren en una ley formal, es decir, una ley aprobada por el órgano legislativo, previa consulta pública y abierta.

También se establece que las plataformas de contenidos no deberían ser obligadas a monitorear o supervisar los contenidos generados por terceros, de forma genérica, a fin de detectar presuntas infracciones actuales a la ley o de prevenir futuras infracciones.

En cuanto a jurisdicción, se señala que, en términos generales, debería ser nacional, pero con la posibilidad de adoptar soluciones regionales, a partir de la aprobación de los parlamentos involucrados, si la legislación y las costumbres de la región son suficientemente consistentes y coherentes.

En estos estándares también se hace referencia a la creación o fortalecimiento de defensorías del público, o similares organismos de carácter no punitivo con el objetivo de defender y promover los derechos de las personas ante las plataformas, con competencias para recibir y tramitar denuncias en su representación, ante eventuales violaciones de derechos fundamentales tanto por plataformas como por organismos estatales, inclusive sobre casos individuales.

Finalmente, se hace mención de la necesidad de que las plataformas dispongan de mecanismos internos de apelación que sean adecuados y efectivos, así como instancias externas independientes a las empresas para la revisión de casos y políticas adoptadas.

En la región de América Latina se han creado leyes que combaten de manera específica la violencia digital contra las mujeres.

Ejemplos de ello son la Ley 19.580 de Paraguay de 2017 que reconoció la violencia telemática, entendida como "la difusión o publicación a través de las TIC de material audiovisual que afecta la dignidad o intimidad de las mujeres"; la Ley 13.772/2018 de Brasil, en 2018 para penalizar la grabación y almacenamiento no autorizado y la exposición de contenidos desnudos o sexuales; Perú incorporó en su Código Penal los delitos de acoso, acoso sexual, chantaje sexual y difusión de imágenes, materiales audiovisuales o audios con contenido sexual a través del uso de las TIC; Chile adoptó en 2019 la Ley 21.153 con la cual se criminalizó la difusión no autorizada de material o imágenes íntimas registradas en lugares públicos sin consentimiento, y Nicaragua aprobó en octubre de 2020 la Ley de Ciberdelitos, la cual castiga las amenazas y el acoso a través de las nuevas tecnologías, así como la difusión de material sexual explícito.[182]

4.3.3.1. Propuestas en México

En nuestro país, a inicios del 2021, el senador Ricardo Monreal Ávila, presentó una iniciativa respecto a la necesidad de regular las redes sociales. Si bien la iniciativa no ha avanzado, esta permitió la realización de diversos foros en los que se discutieron tópicos relevantes en torno a esta regulación.

En estas actividades académicas[183] que se realizaron durante marzo del mismo año, se abordaron muchos aspectos de los que ya se han mencionado en este capítulo, pero vale la pena retomar algunos señalamientos que se hicieron.

Para empezar, se mencionó la importancia de tomar en cuenta las disposiciones existentes en la materia, tanto las internacionales como el Pacto Internacional de Derechos Civiles y Políticos, Convenciones mundiales referentes a evitar la discriminación, las disposiciones del Sistema Interamericano de Derechos Humanos, así como acuerdos comerciales como el T-MEC; como en los derechos reconocidos en la legislación nacional, desde la Constitución Política de los Estados Unidos Mexicanos y las leyes secundarias como la Ley Federal de Telecomunicaciones y Radiodifusión y la Ley Federal del Derecho de Autor.

En temas electorales, Priscilla Ruiz, de Artículo 19 señaló que "en la actualidad el Estado mexicano tiene participación en la remoción de contenidos de las redes, especialmente en las de figuras públicas como políticos y funcionarios como parte de las normas vigentes para los procesos electorales."[184]

En relación con la institución que debería encargarse de la regulación en nuestro país, las personas expertas que participaron en estos eventos

---

182 La violencia de género en línea contra las mujeres y niñas : Guía de conceptos básicos, herramientas de seguridad digital y estrategias de respuesta / [Preparado por la Secretaría General de la Organización de los Estados Americanos].

183 Alvarez, Clara Luz, et al., *Relatoría Moderación de contenidos en Internet y protección de la libertad de expresión en redes sociales*, UNESCO y OBSERVACOM, 2021.

184 Itzkuauhtli Benedicto Zamora Saenz, et al., "La regulación de las redes sociodigitales a debate", *Temas de la agenda*, No. 21, Instituto Belisario Domínguez Senado de la República.

académicos señalaron que esta facultad no debe tenerla el Instituto Federal de Telecomunicaciones (IFT). Entre las razones de esta posición se encuentran que generaría una sobrecarga, pues con las funciones con las que cuenta actualmente es suficiente para este organismo, y encargarse de la regulación podría entorpecer su función primordial que es garantizar el acceso a las telecomunicaciones.

4.4. ESTRATEGIAS PARA REGULAR LA VPMRG EN REDES SOCIALES

Como se ha señalado, la regulación de las plataformas de redes sociales no es una tarea sencilla, sin embargo, es necesaria. Cuando se trata de evitar, investigar y sancionar la violencia política contra las mujeres, además de considerar las disposiciones que se han mencionado sobre regulación de redes sociales, es importante tomar en cuenta criterios específicos emitidos por autoridades electorales, tales como el Tribunal Electoral del Poder Judicial de la Federación, el cual, se ha pronunciado en algunos temas relevantes, que ya se mencionaron.

De acuerdo con lo que se mencionó en el capítulo correspondiente, el tema de la violencia política contra las mujeres ha tenido un importante desarrollo en materia jurisdiccional, el TEPJF —tanto desde la Sala Superior, como desde las salas regionales— ha emitido criterios importantes para determinar cuándo se está ante un caso de VPMRG.

Cuando se trata de esta violencia en redes sociales, es muy importante analizar los estereotipos de género, pues las publicaciones que se hacen en estas plataformas —tanto mensajes o textos, como imágenes o contenido audiovisual—, que son consideradas VPMRG contienen estos estereotipos. En este sentido, el TEPJF, a través de los diversos criterios que ha emitido sobre este tema, ha desarrollado una metodología para identificarlos, que consiste en evaluar al menos si la conducta, práctica o norma:

1. Se basa en generalizaciones para hacer atribuciones, explícitas o implícitas, de características, cargas, obligaciones o roles a una mujer simplemente por pertenecer a ese género;
2. Preguntarse por la mujer: se hacen suposiciones o generalizaciones sobre las mujeres, o en concreto, sobre un atributo, característica o papel que las mujeres tienen o deberían tener en la sociedad;

3. Cuál es el tipo de estereotipo alegado o involucrado (descriptivo, normativo, de sexo, sexual, de rol sexual, o compuesto);
4. Cuál es el contexto del estereotipo a partir de valorar los factores individuales, situacionales y generales del caso concreto;
5. Evaluar si validar el acto denunciado se perpetuaría, incentivaría, normalizaría o legitimaría un estereotipo de género;
6. Evaluar si el acto denunciado tuvo como objeto, motivo, fin o resultado negar un beneficio, imponer una carga, degradar, minimizar la dignidad o marginalizar a las mujeres.[185]

Entonces, detectar estos estereotipos resulta de gran importancia, pues de acuerdo con lo analizado en el capítulo tres, las instituciones jurisdiccionales se enfocan en el mensaje, más que en el medio en el que se publica dicho mensaje.

Específicamente desde las redes sociales, una propuesta para contrarrestar la VPMRG en Instagram, fue la Guía de seguridad de Instagram para mujeres en la política. En este documento se señala:

> "En Instagram estamos profundamente comprometidos con la lucha contra el comportamiento sexista y misógino online y queremos que nuestra plataforma sea un lugar seguro en el que las personas puedan conectarse en torno a la política o a cualquier otro tema que les interese. Desarrollamos tecnología y protecciones para evitar que lleguen comentarios ofensivos a tu perfil, para luchar contra el *bullying* y para garantizar tu seguridad frente a los *hackers* y otras personas maliciosas."[186]

Este documento se presenta como un esfuerzo desde esta plataforma para combatir esta violencia, algunos de los pasos o recomendaciones están dirigidas a las mujeres, a acciones que ellas pueden o deben hacer para estar seguras en este espacio, tales como uso de contraseñas seguras, autenticación en dos pasos.

Un aspecto interesante señalado en este documento es que IG hace una distinción entre personas usuarias particulares y figuras públicas —entre las que pueden estar las mujeres que participan en política—, señalando que los diálogos en torno a figuras públicas también deben cumplir con las normas comunitarias, y que se elimina el contenido que infringe estas

---

185 TEPJF, *Criterios sobre violencia política de género en el TEPJF, Carpeta de estudio.* p.p. 43.

186 INSTAGRAM, INE, ONU MUJERES, Guía De Seguridad De Instagram Para Mujeres En La Política.

normas, por ejemplo, el que incluye acoso y lenguaje que incita al odio, haciendo énfasis en que el contexto y la intención son importantes.

Esta guía también señala que, dentro de la red social, se pueden filtrar los comentarios, se puede "ocultar comentarios ofensivos" y también agregar manualmente las palabras clave que se quieran bloquear y es posible elegir solo permitir comentarios de usuarios específicos o bloquear usuarios, aunque en este aspecto se hace la aclaración de que es posible que para algunas figuras públicas esto no sea permitido.

El texto en mención, establece que para esta plataforma es muy importante proteger los procesos electorales, para lo cual "aumentamos la transparencia de las cuentas, mejoramos nuestras iniciativas para detectar personas malintencionadas, ampliamos nuestras operaciones de información electoral y luchamos contra la desinformación."[187]

Finalmente, esta guía presenta consejos para "aprovechar tu cuenta al máximo", tales como usar las historias, IGTV, *hashtags* y localizadores.

De acuerdo con lo analizado, esta guía se presenta como un mecanismo de moderación de contenido en esta plataforma, que, si bien es cierto, representa un avance, al ser específico en cuanto a la población a la que se busca beneficiar —mujeres que participan en política— y porque se usa un lenguaje sencillo y accesible para las usuarias, no obstante, hay acciones que se dejan como responsabilidad de las usuarias, y las acciones de la plataforma no quedan lo suficientemente claras.

4.5. HERRAMIENTAS PARA EL USO DE REDES SOCIALES DE MANERA SEGURA

Si bien las propuestas que se presentan a continuación no pueden ser consideradas como regulación, pues son acciones que se realizan desde las personas usuarias, las herramientas de ciberseguridad pueden ser estrategias para prevenir y contrarrestar la violencia en línea contra las mujeres.

Como se analizó anteriormente, para crear espacios virtuales más seguros para las mujeres, se requiere de la participación tanto de ellas como usuarias, como de las propias plataformas de redes sociales y los entes de gobierno.

---

187 INSTAGRAM, INE, ONU MUJERES, *op. cit.*

Aunque cada plataforma presenta aspectos propios a considerar en el tema de seguridad, a partir del estudio de diversas guías de ciberseguridad, se pueden plantear algunas acciones concretas para todas las mujeres, pero especialmente para quienes tienen perfiles públicos.

La primera herramienta importante a considerar es en relación con las contraseñas. Las contraseñas son la puerta de entrada a nuestras cuentas, por ello es indispensable que estas sean seguras, pues este puede ser el primer paso para prevenir el *hackeo* de cuentas. Algunos consejos prácticos pueden ser, usar contraseñas fuertes o complejas, es decir, que tengan caracteres en minúsculas, mayúsculas, números y símbolos; no usar la misma contraseña para diversas cuentas y cambiarlas constantemente; usar verificación en dos pasos; no compartir nuestras contraseñas con nadie, y no guardarlas en dispositivos no confiables.

Existen recomendaciones en torno a la elección del nombre de usuario, con la finalidad de que no se relacione directamente con el nombre real de la persona, en ese sentido, resulta también de suma importancia la configuración que de la seguridad se lleva a cabo, dado que por *default* se genera de manera pública, es decir, cualquier persona tendrá acceso al contenido que se publica. Una recomendación importante es no contar con los mismos nombres en todas las redes sociales, cuestión que es bastante común entre las usuarias.[188]

Hay diferentes consejos alrededor del tema, desde la publicación de una foto de perfil que no nos identifique por completo, o que no se empleen las mismas fotos para todos los sitios y redes que utilicemos o restringir el etiquetado en las fotografías.

Otro aspecto de seguridad que es necesario considerar es en relación con la ubicación o geolocalización, por lo que mantener desactivado el GPS dentro de nuestro celular para algunos sitios resulta especialmente relevante, dado que es posible rastrear las publicaciones de una persona y así establecer su probable ubicación exacta.

Verificar qué dispositivos están conectados a las redes sociales. Si hay alguno desconocido, es recomendable desconectarlo, pues podría significar que clonaron el teléfono y que otra persona tiene acceso a las aplicaciones (e información) desde otro celular o computadora.

---

188 *Seguridad, protección y privacidad de twitter, Una guía para personas sobrevivientes de acoso y abuso*, Fundación Karisma, 2016.

Tanto las medidas que pueden adoptar las personas usuarias, como las que implementan las redes sociales y las que establecen los Estados, son necesarias para construir espacios digitales más seguros, en los que todas las personas, pero especialmente las mujeres, puedan participan sin sufrir agresiones y violaciones a sus derechos humanos.

Reflexiones finales

El desarrollo de la tecnología y la transición de las actividades políticas cada vez más a los espacios digitales permitirán que los temas abordados en esta obra se sigan desarrollando en el ámbito académico y la investigación, y se requerirá que se realicen investigaciones cada vez más especializadas que aborden de manera puntual algunos de los aspectos aquí analizados.

Durante la realización de esta obra —que no fue sencilla, por diversos motivos, tanto personales y familiares, como laborales y excepcionales como la pandemia— fue posible profundizar en los temas aquí presentados y llegar a las siguientes reflexiones finales.

Internet es ahora una parte esencial de nuestras vidas, por lo cual, se requiere que las personas que utilizamos la red, conozcamos, por lo menos de forma elemental, su funcionamiento y características. Aunado a lo anterior, también se requiere que tengamos un conocimiento básico de las redes sociales que usamos, pues, de acuerdo con lo analizado, este conocimiento permite hacer uso de estos medios de forma más segura, evitando con ello algunas formas de violencia.

Aunque Internet y la redes sociales tienen sus propias reglas, la intervención del Derecho para evitar posibles violaciones a los derechos de las personas usuarias, y, en general, de todos los actores que intervienen, se ha vuelto cada vez más importante.

Las condiciones en las que las personas acceden a las tecnologías, al Internet y a las redes sociales no son las mismas. Los datos aquí presentados muestran que las mujeres en general tienen menos posibilidades de acceso, y si a la condición de género se suman otros factores como la condición social y la pertenencia a un país en vías de desarrollo, estas posibilidades se reducen aún más, por ello, se requiere que todos los actores que intervienen en el desarrollo y acceso a las tecnologías consideren estas desigualdades y se implementen acciones afirmativas que permitan a las mujeres acceder cada vez más a estos espacios y hacerlo de manera informada para aprovechar al máximo estas herramientas y evitar violencias.

El uso de redes sociales han modificado nuestras interacciones sociales, ahora son extensiones de nuestra vida, cada vez más actividades pueden realizarse a través de estos medios. Las redes aquí estudiadas —Facebook, Twitter e Instagram— son herramientas utilizadas para diversas funciones, la mayoría de estas generan beneficios, sin embargo, también pueden ser utilizadas para atacar o violentar a las personas, y existen ciertos sectores de la población que pueden ser especialmente vulnerables a estas agresiones.

La violencia contra las mujeres debe ser estudiada de manera integral, sin importar los espacios o modalidades en las que se presenta, pues, como ha quedado claro, la violencia tradicional y virtual se alimentan mutuamente.

Además de lo anterior, las consecuencias que la violencia en línea puede generar no se limitan al espacio digital, puede tener efectos en lo virtual y en lo real, y tiene efectos individuales y colectivos.

La violencia digital vulnera los derechos humanos, especialmente el derecho a una vida libre de violencia, el derecho a la no discriminación, derecho a la libertad, derecho a la privacidad, protección de datos y los derechos políticos.

El ámbito de toma de decisiones y la participación política también ha sido impactado por el uso de las redes sociales, para el ejercicio de nuestros derechos relacionados en este rubro se han creado nuevos espacios, nuevos conceptos, nuevas formas de manifestar nuestras opiniones políticas. La participación política de las mujeres también ha ido modificándose a partir del uso de las redes sociales las cuales se han presentado como una buena herramienta; se utilizan cada vez más para promover la imagen de las candidatas, para dar a conocer sus propuestas, para dar publicidad a las acciones realizadas como candidatas o funcionarias, entre otras acciones.

Pese a la utilidad de las redes sociales en las actividades políticas de las mujeres, estos espacios también han sido medios para cometer violencia política por razones de género, de acuerdo con la legislación y los criterios judiciales emitidos por el Tribunal Electoral del Poder Judicial de la Federación, es posible incluir los actos realizados en redes sociales como una manifestación de la VPMRG pues no establecen un lugar o un ámbito en el que se deben presentar las acciones u omisiones.

Existen ciertas conductas específicas en contra de mujeres que participan en política, entre ellas el desprestigio, las acusaciones falsas, *deepfake*, cadena de agresiones, y es necesario enfocar los esfuerzos de prevención y de atención en estas conductas.

Los estereotipos en relación con el cuerpo y la sexualidad de las mujeres también se trasladan a los medios digitales y al ejercicio de los derechos político-electorales, por ello, una de las formas de violentar a las mujeres en redes sociales es a través de comentarios relacionados con su sexualidad, haciendo referencia a su cuerpo, su función de "amantes" o "novias" de los candidatos, e incluso, a un presunto intercambio de favores sexuales para la obtención de un cargo público.

Otra forma de violencia que experimentan las candidatas en redes sociales es la desigualdad en la cobertura. A pesar de que las redes sociales son espacios en los que cualquier persona puede opinar y subir publicaciones o crear contenido, desde las cuentas oficiales de los partidos políticos, la cantidad de publicaciones que hacen sobre las mujeres y hombres no es la misma, lo que pone a las mujeres en una posición de desventaja frente a sus contrincantes.

En cuanto a las redes sociales que se estudiaron en esta investigación se observó que la red social en la que se presenta mayor violencia es Twitter. De acuerdo con lo analizado, esto se debe a que es esta red social la que más se utiliza para participar en el debate público o para emitir comentarios relacionados con la vida política, por lo tanto, se requiere enfocar esfuerzos en atender y sancionar estas conductas dentro de esta plataforma.

El trabajo empírico aquí presentado confirma muchas de las afirmaciones hechas desde la teoría y desde otros trabajos empíricos a nivel nacional e internacional. Para empezar, muestra que la red social más utilizada es Facebook, con más del 90 por ciento de respuestas.

En relación con la seguridad de las redes sociales, un dato interesante fue que las mujeres perciben sus cuentas de redes sociales más seguras que las redes sociales en general, esto se debe a que, de acuerdo con su percepción, utilizan contraseñas seguras, o porque solo aceptan como amigas o *followers* a personas conocidas. Esta percepción de seguridad puede provocar que las usuarias sean más confiadas y compartan algunos datos personales que las podrían poner en situaciones de vulnerabilidad frente a los ataques.

De la información obtenida se observó que la principal agresión experimentada es el acoso, seguida por la percepción de vigilancia de sus cuentas y en tercer lugar compartir información falsa, lo cual confirma lo presentado por la teoría, que manifiesta la necesidad urgente de diseñar estrategias que puedan combatir estas violencias contra mujeres en política.

Un dato interesante es el relacionado con las agresiones de contenido sexual, que, según lo estudiado desde la teoría son una manifestación de violencia digital muy significativa, pero la evidencia empírica revela un porcentaje muy bajo de mujeres que mencionan haber sido víctimas de compartir sus imágenes sin su consentimiento y recibir amenazas de compartir ese mismo tipo de contenido.

Las consecuencias de las violencias en redes sociales tienen efectos en el uso de estas, pero también tiene repercusiones en la vida física, psicológica o emocional de las mujeres.

En relación con las consecuencias dentro de las plataformas, fueron dos las acciones que se realizan con mayor frecuencia, estas son cambiar la configuración de privacidad de sus cuentas, y eliminar, bloquear o dejar de seguir personas y/o páginas. Ambas acciones están encaminadas a evitar tener contacto con las personas que las agredieron en redes sociales, pero sin intención de dejar de usar estos espacios, aunque algunas participantes sí mencionan cambios como dejar de publicar contenido, reducir el tiempo que pasan en estos medios o cerrar temporalmente sus cuentas.

En cuanto a los cambios físicos que la violencia puede provocar en las mujeres la principal consecuencia expresada por las participantes es la irritabilidad, seguida por presentar sentimientos como la ira y el miedo. Un dato interesante, pero alarmante, es la afectación que estas violencias pueden provocar en la autoestima de las víctimas.

Por todo lo anterior, es indispensable pensar en estrategias que atiendan las conductas dentro de las redes sociales, pero que también puedan dar seguimiento y atención a las consecuencias psicológicas que viven las participantes, pues, cuando se trata del ejercicio de los derechos político-electorales, estas afectaciones pueden debilitar la carrera política de las mujeres.

A partir de las agresiones que las mujeres experimentan en las redes sociales, implementan acciones para contrarrestarlas, la principal es bloquear o eliminar a sus agresores. Las denuncias o quejas ante las propias redes sociales son otra respuesta importante, la cual manifiesta que las usuarias conocen estos canales de denuncia y los han implementado.

De acuerdo con lo anterior, es importante fortalecer los conocimientos y herramientas que las personas pueden tener sobre las redes sociales, pero específicamente sobre los canales o medios de denuncia ante estas plataformas, pero también es necesario que las empresas de redes sociales publiquen estos mecanismos y que hagan transparentes los procesos a través de los cuales se decide eliminar o restringir alguna publicación o cuenta.

Para ello, es necesario entender que las redes sociales hacen moderación de contenido de acuerdo con sus intereses, no obstante, han implementado acciones para combatir la violencia contra las mujeres, como la publicación de guías de uso seguro, la creación de organismos que supervisan sus procedimientos, o la creación de programas específicos contra la difusión de imágenes íntimas sin el consentimiento de las mujeres.

Además de la autorregulación o moderación que hacen las redes sociales, deben proponerse medidas desde las autoridades estatales, pero estas deben ser sencillas, claras y hechas por personas expertas, tanto en los aspectos técnicos, como en los aspectos legales, pues una regulación inadecuada puede provocar más problemas que la ausencia de regulación.

La regulación además, debe considerar que no todas las redes sociales son iguales, en cuanto a número de usuarios y al poder económico que pueden tener, lo cual se traduce en ventajas o desventajas respecto de las obligaciones que establecen las legislaciones correspondientes.

Resulta adecuado entonces, implementar la co-regulación, pues es importante alcanzar un equilibrio en la regulación de contenidos en línea, de manera que coexistan la autorregulación que puedan hacer las propias plataformas y las acciones del Estado, las cuales deben estar dirigidas a la protección de los derechos humanos de las personas usuarias frente a decisiones y políticas de actores que amenacen con coartar la libertad de expresión.

Las legislaciones actuales no son suficientes para eliminar la violencia contra las mujeres en política, se requiere estrategias que consideren las características de las redes, la perspectiva de género y de derechos humanos.

Finalmente, se debe tener muy claro que no hay respuestas únicas y sencillas, que para proponer soluciones a las problemáticas aquí planteadas no se puede escuchar o atender únicamente a un sector, sino que las acciones más efectivas serán las que consideren las características e intereses de las empresas involucradas, pero que también escuchen a las personas usuarias, a los entes estatales y, en general, a todas las personas involucradas.

Bibliografía

ACEVEDO CASTILLO, Natalia, et al, "Violencia sexual y acoso en la web: evidenciando la falta de tutela judicial efectiva", *Revista entorno*, enero-junio 2020, número 69, pp. 81-89, impreso ISSN 2071-8748 • electrónico ISSN 2218-3345

AJDER, Henry, et al., *Deeptrace, The State of Deepfakes: Landscape, Threats, and Impact*, September 2019.

ALCÁCER GUIRAO, Rafael, "Víctimas y disidentes. El «discurso del odio» en EE.UU. y Europa", *Revista Española de Derecho Constitucional*, ISSN: 0211–5743, núm. 103, enero-abril (2015), págs. 45-86.

ALVAREZ, Clara Luz, et al., *Relatoría Moderación de contenidos en Internet y protección de la libertad de expresión en redes sociales*, UNESCO y OBSERVACOM, 2021.

ÁLVAREZ, CLARA LUZ, *Internet y derechos fundamentales*, México, Porrúa, 2011,

AMNISTÍA INTERNACIONAL, *#ToxicTwitter violencia y abuso contra las mujeres en internet*, 2018.

AMPARO DIRECTO EN REVISIÓN 2044/2008, Sentencia del 17 de junio de 2009.

ARELLANO TOLEDO, Wilma y OCHOA VILLICAÑA, Ana María "Derechos de privacidad e información en la sociedad de la información y en el entorno TIC", *Ius Revista del Instituto de Ciencias Jurídicas de Puebla, México*, ISSN: 1870-2147. Año VII no. 31, enero-junio de 2013, pp. 183-206.

ARTICLE 19, *Tercer Informe Trimestral: De lo digital a lo tangible*, 2016.

ASAMBLEA GENERAL DE LA ORGANIZACIÓN DE LAS NACIONES UNIDAS, *Informe de la Relatora Especial sobre la violencia contra la mujer, sus causas y consecuencias acerca de la violencia en línea contra las mujeres y las niñas desde la perspectiva de los derechos humanos*, 2018.

ASAMBLEA GENERAL DE LAS NACIONES UNIDAS, *Anexo, I. I. Protocolo para prevenir, reprimir y sancionar la trata de personas, especialmente mujeres y niños, que complementa la Convención de las Naciones Unidas contra la Delincuencia Organizada Transnacional*, 2000.

ASAMBLEA GENERAL, Resolución 71/199, 2016.

BARRERA, Lourdes, (coord.), *La violencia en línea contra las mujeres en México*, México, Luchadoras-APC Asociación para el Progreso de las Comunicaciones, 2017.

BARRERA, Lourdes et al. *Violencia política a través de las tecnologías en México, Elecciones 2018*, México, Luchadoras, 2018.

BREEDEN, A. "France Will Debate a Bill to Stop Online Hate Speech. What's at Stake?", *The New York Times*, 2019, https://www.nytimes.com/2019/07/01/world/europe/france-bill-to-stop-online-hate-speech.html

CABO ISASI, Alex y GARCÍA JUANATEY, Ana, *El discurso de odio en las redes sociales: un estado de la cuestión,* Área de Derechos de Ciudadanía, Cultura, España, Participación y Transparencia, 2017.

CALDEVILLA DOMINGUEZ, David, "Las redes sociales, Tipología, uso y consumo de las redes 2.0 en la sociedad digital actual", *Documentación de las Ciencias de la Información, 33,* 45–68. Disponible en: https://revistas.ucm.es/index.php/DCIN/article/view/DCIN1010110045A

CAMPOS, Mario, *et al, Mensajes de odio y discriminación en las redes sociales,* Consejo Nacional para Prevenir la Discriminación, México 2015.

CEBALLOS-ESPINOZA, Francisco, *Suicidio adolescente y Otredad: La ballena azul dentro del aula,* VI Congreso Internacional de Psicología y Educación, Psychology Investigation, Lima, 2017.

CHAHER, Sandra y CUELLAR, Lina, *Ser periodista en Twitter: violencia de género digital en América Latina,* Ciudad Autónoma de Buenos Argentina, Comunicación para la Igualdad Ediciones/ Sentiido/ UNESCO, 2020.

CHAHER, Sandra, *¿Es posible debatir en medio de discurso de odio?: activismo feminista y grupos antiderechos en el cono Sur de América Latina,* Argentina, Comunicación para la Igualdad, 2021.

CHRISTAKIS Nicholas A., y FOWLER James H., *Conectados, el sorprendente poder de las redes sociales y cómo nos afectan,* Tr. Amado Diéguez, Laura Vidal y Eduardo Schmid, México, Santillana Ediciones, 2010.

CIDH, *Violencia y discriminación contra mujeres, niñas y adolescentes: buenas prácticas, desafíos en América Latina y el Caribe,* OEA, 2019.

CONGRESO DE LA UNIÓN ,*Ley Federal Para Prevenir y Eliminar la Discriminación,*

Diario oficial de la federación, México, 11 de junio de 2003.

CONSEJO DE DERECHOS HUMANOS, *El derecho a la privacidad en la era digital,* Resolución Aprobada 34/7, ONU, 2018.

CROVI DRIETA, Delia, "Dimensión social del acceso, uso y apropiación de las TIC", *Contratexto* n.O 16, 2008, ISSN 1025-9945, pp. 65–79.

DAHLGREN, Peter, "Mejorar la participación: la democracia y el cambiante entorno de la web" en Champeau, Serge y Daniel Innerarity (comps.), *Internet y el futuro de la democracia,* Barcelona, Paidós, Serie Estado y Sociedad, 2012.

DATAREPORTAL, *Informe digital 2020: global digital overview, 2020,* el informe puede ser consultado en: https://datareportal.com/reports/digital-2020-global-digital-overview

DE SANTIESTEBAN Patricia y Manuel Gámez-Guadix, "Online Grooming y Explotación Sexual de Menores a Través de Internet", *Revista de victimología* | Journal Of Victimology Online ISSN 2385-779X, p. 83.

DEEPTRACE, en un informe de 2019 da cuenta de dos casos relacionados con la política, no se describen en esta investigación por tratarse de ataques en contra de hombres, pero pueden consultarse aquí: https://storage.googleapis.com/deeptrace-public/Deeptrace-the-State-of-Deepfakes-2019.pdf

DEL CAMPO, Susana de Andrés, et al, "Brechas digitales de género. Una revisión del concepto", *Revista científica electrónica de Educación y Comunicación en la Sociedad del Conocimiento*, España, Época II Año XX Número 20 Vol. I Enero-Junio de 2020 ISSN: 1695-324X.

DEL FRESNO, Miguel, "Análisis de redes sociales y medios sociales de internet.Usando la visión para pensar: la estructura de las relaciones en red en Twitter", en Miguel del Fresno, Pilar Marqués y David S. Paunero (eds), *Conectados por redes sociales, introducción al análisis de redes sociales y casos prácticos*, España, Editorial UOC, 2015.

DEL FRESNO, Miguel, Pilar Marqués y David S. Paunero (eds), *Conectados por redes sociales, introducción al análisis de redes sociales y casos prácticos*, Editorial UOC, España, 2015.

DEL FRESNO, Miguel, *Red social online una propuesta de definición*, disponible en http://migueldelfresno.com/2010/09/red-social-online-una-propuesta-de.html, consultado el 02 de agosto de 2020.

DÍAZ HERNÁNDEZ, Marianne, *Discurso de odio en América Latina. Tendencias de regulación, rol de los intermediarios y riesgos para la libertad de expresión*, Derechos Digitales en América latina, 2020.

Diccionario Tecnológico en línea, disponible en: https://tecnologicon.com/definicion-de-ciberespacio-informatica/

Entrevista de Kimberlé Crenshaw a The African American Policy Forum, *Kimberlé Crenshaw on Intersectionality*, More than Two Decades Later, 8 de junio de 2017, disponible en https://www.law.columbia.edu/news/archive/kimberle-crenshaw-intersectionality-more-two-decades-later consultado el 30 de junio de 2021.

ESPINOSA INFANTE, Elvia y Salvador de León Jiménez, "Una mirada a las redes sociales virtuales desde el género", *Gestión y estrategia*, Num. 43, enero-junio 2013.

Expediente SER-PCS-108/2018.

FERNÁNDEZ, Paola Elisabet, "Neutralidad en la red: tensiones para pensar la regulación de internet", *Questión, Revista especializada en comunicación*, Argentina, volumen 1, núm. 42, abril-junio 2014.

FIERRO, Julieta, *Miradas a la discriminación*, Consejo Nacional para Prevenir la Discriminación, México, 2012.

FLORIDA POLITICAL REVIEW, *De Santis Goes After Big Tech in Proposed Transparency in Technology Act*, (disponible en: http://www.floridapoliticalreview.com/desantis-goes-after-big-tech-in-proposed-transparency-in-technology-act/;

FLORIDI, Luciano, The Onlife Manifesto, Oxford Internet Institute, United Kingdom, 2015.

FRANKS, M. A., "Drafting an effective Revenge Porn Law: A guide for legislators", *Palgrave Communications*, Vol. 2, 2016.

FRENTE NACIONAL POR LA SORORIDAD, *Ficha Informativa sobre violencia digital en Chiapas*, 2019.

GARCÍA MEXÍA, Pablo, *Derechos y libertades, internet y tics*, España, Tirant Lo Blanch , 2014.

GARCÍA MEXÍA, Pablo, *Historias de internet casos y cosas de la red de redes,* España, Tirant Humanidades, 2012.

GARCÍA ROMÁN Mayelín y Dubravka Mindek Jagic, "Ciberviolencia de género en redes sociales. Sus tipos, trampas y mensajes ocultos", *Controversias y Concurrencias Latinoamericanas,* Vol.12, N°22 abril-septiembre 2021 ALAS Asociación Latinoamericana de Sociología.

GÓMEZ SÁNCHEZ, Mario Anselmo, "La protección de datos personales en México: cambios evolutivos a 10 años de su inclusión a nivel constitucional", *Revista Mexicana de Ciencias Penales,* año 3, Núm, 10, 2020, pp. 47-58.

HELDT, A., "Reading between the lines and the numbers: an analysis of the first NetzDG reports", *Internet Policy Review,* 8(2), 2018.

HERRÁN AGUIRRE, Alejandro F., *La libertad de expresión y el internet, consideración de derechos fundamentales y conflictos de derechos,* México, Tirant Lo Blanch UNACH, 2019.

IIDH, Definición XIX Curso Interdisciplinario de Derechos Humanos, junio 2001, San José, Costa Rica, en Isabel Torres, "Derechos políticos de las mujeres, acciones afirmativas y paridad", *Revista IIDH,* Volumen 47, año 2008, p.230 (225-240).

Informe ONU, 2018.

INSTAGRAM, INE, ONU MUJERES, Guía De Seguridad De Instagram Para Mujeres En La Política.

INSTAGRAM, INE, ONU MUJERES, *op. cit.*

INSTITUTO ANDALUZ DE LA MUJER, *Protocolo de detección e intervención en la atención de víctimas de ciberdelincuencia de género,* España, 2015.

INSTITUTO NACIONAL DE ESTADÍSTICA Y GEOGRAFÍA (INEGI), *Encuesta Nacional sobre Disponibilidad y Uso de Tecnologías de la Información en los Hogares,* México, 2018.

INSTITUTO NACIONAL DE ESTADÍSTICA Y GEOGRAFÍA (INEGI), *Encuesta Nacional sobre Disponibilidad y Uso de Tecnologías de la Información en los Hogares,* México, 2019.

INSTITUTO NACIONAL DE ESTADÍSTICA, GEOGRAFÍA E INFORMÁTICA, Módulo sobre Ciberacoso (MOCIBA 2015)

INSTITUTO NACIONAL DE LAS MUJERES, *Cartilla de derechos sexuales de adolescentes y jóvenes.*

INSTITUTO NACIONAL DEMÓCRATA, #NotTheCost: Instituto Nacional Demócrata, #NotTheCost: *Cese de la Violencia en Contra de Las Mujeres en la Política,* Washington DC, 2016.

INTERNET RIGHTS & PRINCIPLES COALITION, "Carta de derechos humanos y principios para internet", *Internet Governance Forum,* 2015, p. 18.

ISLAS, Octavio y Paola Ricaurte, *Investigar redes sociales. Comunicación total en la sociedad de la ubicuidad,* México, 2013, p.32.

ITZKUAUHTLI Benedicto, et al., "La regulación de las redes sociodigitales a debate", *Temas de la agenda,* No. 21, Instituto Belisario Domínguez Senado de la República.

JIMÉNEZ, William Guillermo y Meneses Quintana, Orlando, "Derecho e internet: introducción a un campo emergente para la investigación y práctica jurídicas", *Revista Prolegómenos,* Colombia, volumen XX, núm. 40, julio-diciembre 2017.

JULIÀ-BARCeló, R., & KOELMAN, K. J., "Intermediary liability: intermediary liability in the e-commerce directive: so far so good, but it's not enough" *Computer Law & Security Review*, 16(4), 2000, 231-239.

KELLER, D., "Empirical Evidence of 'Over-Removal'by Internet Companies under Intermediary Liability Laws", *The Center for Internet and Society at Stanford Law School*, 2015. http://cyberlaw.stanford.edu/blog/2015/10/empirical-evidence-over-removal-internet-companies-under-intermediary-liability-laws

KLONICK, K., "The Facebook Oversight Board: Creating an Independent Institution to Adjudicate Online Free Expression", *The Yale Law Journal*, 129(8), 2020, p.p. 2232-2605. https://papers.ssrn.com/sol3/papers.cfm?abstract_id=3639234, p. 2488.

KLONICK, K., "The new governors: The people, rules, and processes governing online speech", *Harv. L. Rev.*, 2017, 131, 1598.
https://papers.ssrn.com/sol3/papers.cfm?abstract_id=2937985

LARA CARMONA, Vanessa Lizbeth, *Vigilancia e instituciones en México, la agenda pendiente de la privacidad y la protección de datos personales*, México, Publicaciones UAEM, 2020, p.46.

LAWRENCE, Lessig, "Las leyes del Ciberespacio", *THEMIS: Revista de Derecho*, ISSN 1810-9934, N°. 44, 2002 (Ejemplar dedicado a: Análisis Económico del Derecho).

LAWRENCE, Lessig, *The Code 2.0*, New York, Basic Books, 2009.

Ley Modelo interamericana para prevenir, sancionar y erradicar la violencia contra las mujeres en la vida política.

LIROLA PINO, Candela, et al, "Nuevas vías para la publicidad: análisis de la red social Instagram", trabajo de fin de grado, Universidad de Sevilla, 2015.

LUCIANO FLORIDI, *The Onlife Manifesto*, United Kingdom, Oxford Internet Institute, 2015.

MADDOCKS, Sophie, "A Deepfake Porn Plot Intended to Silence Me": Exploring Continuities Between Pornographic and 'Political' Deep Fakes.

MALTZAHN KATHLEEN, "Peligros Digitales: Las Tecnologías Información y Comunicación y la Trata de Mujeres", *En la mira*, Núm. 6 junio 2005.

MARQUÉS SÁNCHEZ, Pilar y María F. Muñoz-Doyague, "Análisis de redes sociales: definición y conceptos básicos", en Miguel del Fresno, Pilar Marqués y PAUNERO, David (eds), *Conectados por redes sociales, introducción al análisis de redes sociales y casos prácticos*, España, Editorial UOC, 2015.

MARTÍNEZ HERNÁNDEZ, Luis Manuel, et al, *Virtualidad, ciberespacio y comunidades virtuales, Red Durango de Investigadores Educativos*, A. C., México, 2014.

MENDOZA, Miguel Ángel, *¿Cuánto por esa cuenta? El valor de la información en el mercado negro*, disponible en https://www.welivesecurity.com/la-es/2016/11/25/informacion-mercado-negro/, consultado el 01 de junio de 2021.

Normas comunitarias de Facebook, Disponibles en:

https://www.facebook.com/communitystandards/

OBSERVACOM et al., *Estándares para una Regulación Democrática de las Grandes Plataformas que Garantice la Libertad de Expresión en Línea y una Internet Libre y Abierta*, 2020, disponible en https://www.observacom.org/estandares-para-una-regulacion-democratica-de-las-grandes-plataformas-que-garantice-la-libertad-de-expresion-en-linea-y-una-Internet-libre-y-abierta/.

OEA Organización de Estados Americanos, *Convención Interamericana para Prevenir, Sancionar y Erradicar la Violencia contra la Mujer (Convención Belém Do Pará)*, Belém Do Pará, Brasil, 09 de junio de 1994.

OEA, Combatir la violencia en línea contras las mujeres, un llamado a la proteccion, 2019.

OEA, *Informe Anual*, 2004.

OECD, "Understanding the Digital Divide", *OECD Digital Economy Papers*, No. 49, OECD Publishing, Paris. 2001, disponible en: http://dx.doi.org/10.1787/236405667766

ONU MUJERES, *Violencia contra las mujeres en el ejercicio de sus derechos políticos*, México, PNUD, TEPJF y ONU Mujeres , 2012.

ONU MUJERES, *Violencia contra mujeres y niñas en el espacio digital, lo que es virtual también es real*, Entidad de las Naciones Unidas para la Igualdad de Género y el Empoderamiento de las Mujeres, 2020.

PALOMINO ÁNGELES, Elisa, "Los conceptos jurídicos fundamentales en la era del Internet." *Alegatos* 29.90 (2018): 391-406.

PEDRAZA Bucio y Claudia Ivette, "La brecha digital de género como vértice de las desigualdades de las mujeres en el contexto de la pandemia por Covid-19", *Logos* / Año XLIX / Número 136 / ene-jun 2021.

PEÑA OCHOA, Paz, *¿Cómo funciona internet? Nodos críticos desde una perspectiva de los derechos*, Derechos Digitales, Chile, 2013.

PORCELLI, A. M. Y Martínez, A. N., "La reformulación del derecho a la privacidad y el reconocimiento de los nuevos derechos en el entorno digital en tiempos de

COVID-19, Red Sociales", *Revista del Departamento de Ciencias Sociales*, Vol. 07, N° 07, p. 109-125, 2020.

PUERTO, Manuel Jesús Rodríguez. La regulación de Internet y la teoría jurídica. *Anuario de filosofía del derecho*, 2007, p. 441-464.

RAMÍREZ HERNÁNDEZ, Gloria, *Los derechos político-electorales de las mujeres en México ante la CEDAW*, México, Tribunal Electoral del Poder Judicial de la Federación, 2020.

RUIZ-NAVARRO, Catalina, *Las mujeres que luchan se encuentran*, Grijalbo, México, 2019.

SABANES PLOU, Dafne, et al, *La mujer y las tecnologías de información y comunicación*, APC, 2015.

SCHULZ, W., "Regulating intermediaries to protect privacy online–the case of the German NetzDG. Personality and Data Protection Rights on the Internet", *Forthcoming*, 2018.

Seguridad, protección y privacidad de twitter, Una guía para personas sobrevivientes de acoso y abuso, Fundación Karisma, 2016.

SHAHER, Sandra, *op. cit.*, p. 16.

ŠIMONOVIĆ, Dubravka, *Informe de la Relatora Especial sobre la violencia contra la mujer, sus causas y consecuencias, de la Organización de Naciones Unidas*, Organizacion De Las Naciones Unidas, 2018.

Telecomunications Act of 1996, Public Law 104-104-FEB-8, 1996.

TÉLLEZ VALDÉS, Julio A., *Lex Cloud Computing*, México, UNAM, 2013.

TEPJF, *Criterios sobre violencia política de género en el TEPJF, Carpeta de estudio.* p.p. 43.

Tesis aislada 2a. XXXVIII/2019 (10a.), Semanario Judicial de la Federación 7 de junio de 2019, Décima Época, Libro 67, Tomo III, junio de 2019, página 2327, número de registro digital: 2020010.

The Telecommunication Development Sector (ITU-D), *UIT, ICTs, LDCs and the SDGs: Achieving universal and affordable Internet in the least developed countries*, Suiza, 2019.

UNESCO, *Broadband commission for digital development working group on broadband and gender, Cyber violence against women and girls: A world-wide wake-up call*, 2015, p. 15.

UNION INTERNACIONAL DE TELECOMUNICACIONES, *Informe sobre Medición de la Sociedad de la Información*, Suiza, ITU Publicaciones, 2018.

URUEÑA, Alberto (Coord), *Las redes sociales en internet*, Observatorio, Nacional de las Telecomunicaciones y de la SI ONTSI, 2011.

VERGÉS BOSCH, Nuria, (coord.), *Redes sociales en perspectiva de género: guía para conocer y contrarrestar las violencias de género on line*, Instituto Andaluz de Administración Pública, España, 2017.

We are social, Digital 2020: global digital overview, 2020, disponible en https://datareportal.com/reports/digital-2020-global-digital-overview consultado el 24 de Agosto de 2020.

WE ARE SOCIAL, *Special Reportal Digital 2021*, el reporte puede ser consultado en: https://wearesocial.com/digital-2021.

WONG, J. C., & Solon, O., "Facebook releases content moderation guidelines – rules long kept secret". *The Guardian*, 2018, https://www.theguardian.com/technology/2018/apr/24/facebook-releases-content-moderation-guidelines-secret-rules.

https://cyberlaw.stanford.edu/blog/2022/04/what-does-dsa-say-0

https://transparency.fb.com/data/content-restrictions/country/MX/

https://www.instagram.com/tv/CCXI-29FN8Q/?igshid=28vkzzcpx03q

https://www.nytimes.com/2022/04/22/technology/european-union-social-media-law.html?unlocked_article_code=AAAAAAAAAAAAAAAACEIPuonUktbf-qYhkTFUZASbJUNMnqBqCgvfeh7EhnHjmISGTDCtEzuMTRpOH8EbEYe9matcy-1nGfTcAHMKMqQLY66N5jCHFXalvipIqYytNCKj8pqIm3UyRqg5yXALln-3qxMT-CwbbojyeX67h_Zbn26C6PU03Irc11kp5J1ZBr9jyxzs6TBGuB-2Nd52e5wR-cwpAGddO1TZ-qXgGB58O96ZbxzD6QNQWu1RWz3bmdD0-KtXOUwJSg-qAFCUjlD56vNBMO9oXP7L9Kwoifqf8hbYQDm9vJeS5FunWXATgDEKxxAL1A2ephPc&referringSource=articleShare

https://www.ohchr.org/Documents/Issues/Opinion/Articles19-20/ThresholdTest-Translations/Rabat_threshold_test_Spanish.pdf

https://www.youtube.com/watch?v=xg-U2Emee48

Anexos

¿Eres mujer y has sufrido violencia política en redes sociales?
Contesta esta encuesta, conocer tu experiencia es importante
¡Gracias!

Le gusta a **pazos649** y **2 personas más**

hazzypazos ¿Eres #activista, defensora de derechos políticos de las mujeres, #periodista, fuiste... más

hazzypazos
https://docs.google.com/forms/d/e/1FAIpQLSc bDGfXNdAdV0HnSfjiz70Ishq0mKuelLeJ1BFvEb weVj1NVw/viewform?usp=sf_link

Hazel
@hazel_pazos

¿Eres #mujer y has sufrido #ViolenciaPolítica?
Contesta esta breve encuesta
La información será utilizada exclusivamente con fines académicos

Violencias en línea contra mujeres en política
docs.google.com

8:35 p. m. · 27 jul. 21 · Twitter Web App

¿Eres #activista, defensora de derechos políticos de las mujeres, #periodista, fuiste #candidata al algún cargo de elección popular o eres servidora pública, y has sufrido #ViolenciaPolítica ?

Contesta en 5 minutos esta breve encuesta

La información será utilizada exclusivamente con fines académicos

https://docs.google.com/forms/d/e/1FAIpQLScbDGfXNdAdV0HnSfjiz70Ishq0mKuelLeJ1BFvEbweVj1NVw/viewform?usp=sf_link